Heike Hartwig

SUSTAINABLE FASHION *nähen*

Upcycling im Kleiderschrank: kreativ, nachhaltig, individuell

Inhalt

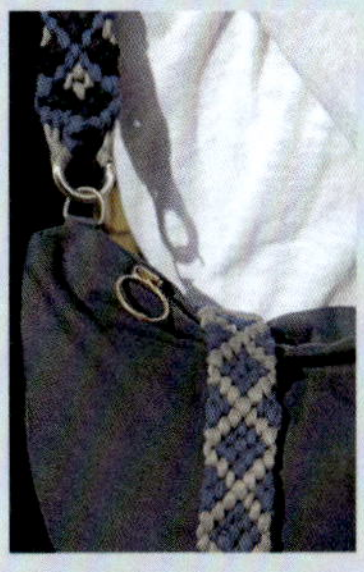

Einleitung

Upcycling – drei verschiedene Ansätze

Nachhaltigkeit

Ausrangierten Kleidungsstücken ein zweites Leben einzuhauchen, indem man sie zu einem stylishen neuen Lieblingsteil umschneidert, ist nicht nur sehr kreativ, sondern auch ein echter Beitrag zu einem bewussten und nachhaltigen Umgang mit Rohstoffen. Aus Kleidungsstücken, die nicht mehr richtig passen oder nicht mehr unserem aktuellen Stil entsprechen, lassen sich mit etwas Fantasie neue Lieblingsstücke schaffen. Auch können Lieblingsteile, die nur an bestimmten Stellen abgetragen sind, so eine Chance auf ein zweites Leben bekommen.
Nachhaltig nähen bedeutet für mich aber auch, meine Nähprojekte gut zu planen und mir vor dem Nähen Gedanken darüber zu machen, ob ich das Kleidungsstück tatsächlich tragen werde. Mir hilft es, wenn ich vorab im Kopf mögliche Kombinationsmöglichkeiten in meinem Kleiderschrank durchgehe und nicht nur auf Einzelstücke setze, die dann nicht zum Rest der Garderobe passen.

REUSE
REPAIR
UPCYCLE

Schaffen von Erinnerungsstücken

Upcycling ist ein toller Weg, Textilien, die mit schönen Erinnerungen verbunden sind, einen Platz in seinem Leben zu geben. Beim Ausräumen des Hauses meiner Oma sind mir viele Stücke wieder begegnet, mit denen ich unbeschwerte und schöne Momente meiner Kindheit verbinde. Da nicht mehr alles gut in Schuss war oder meinen aktuellen Bedürfnissen entsprach, habe ich mich dafür entschieden, ihnen neues Leben einzuhauchen und mir zum Beispiel mangels Garten aus Omas Gartentischdecke eine Bluse genäht, die mich den ganzen Sommer über begleitete.

Kostenbewusste Nähprojekte

Natürlich ist Upcycling auch eine Möglichkeit, sehr kostengünstig seine Garderobe zu erweitern. Ich habe mir bei meiner Mutter abgeschaut, von alten Hemden, Blusen und Jacken die Knöpfe zu entfernen und auch Reißverschlüsse, Gürtelschließen und alle möglichen anderen Verschlüsse aufzubewahren. Auch hebe ich Bettwäsche, abgewetzte Hemden und löchrige Jeans auf und benutze sie regelmäßig für neue Projekte. Besonders gerne mag ich momentan Stücke, die in Patchwork-Technik aus alten Jeans entstanden sind.

Materialien und Arbeitsutensilien

Materialien

Was Materialien betrifft, sind Dir beim Upcycling praktisch keine Grenzen gesetzt. Du kannst Dich so richtig austoben und ausprobieren, was Dir besonders gefällt. Ich persönlich bevorzuge natürliche Materialien wie Wolle, Baumwolle, Viskose und Seide und greife beim Upcycling auch lieber auf diese zurück. Ich habe eine Liste mit Impulsen für Materialien zusammengestellt, die keinen Anspruch auf Vollständigkeit hat. Bevor Du Dich an ein Projekt setzt, solltest Du prüfen, ob die Grundsubstanz des Materials noch gut ist und es sich lohnt, die Zeit zu investieren. Flecken oder kleinere Löcher sind meist kein Problem, weil Du sie beim Zuschnitt berücksichtigen kannst.

Bettwäsche

Ein Bettbezug besteht aus einigen Metern Stoff, aus dem sich richtig große Nähprojekte wie zum Beispiel das Maxikleid oder die Jacke aus diesem Buch realisieren lassen. Ich mag besonders die Designs eines skandinavischen Möbelhauses und habe mir daraus schon einige tolle Kleider genäht.
Im Haus meiner Oma habe ich uralte Bettlaken aus Leinen gefunden. Nachdem ich sie mit Textilfarbe gefärbt hatte, sind daraus ganz wundervolle Kleidungsstücke entstanden. Auch alte Weißwäsche mit Stickereien und Biesen eignet sich wunderbar als Basis für romantische Blusen oder Shirts.
Besonders Baumwolle wird mit den Jahren gerne steif und hart. Dies liegt an Kalkablagerungen in den Fasern. Dagegen hilft ein Bad in Wasser mit Essig und etwas Zitronensäure. Leg die Wäsche für 2-3 Stunden ein und wasche sie anschließend ganz normal.

Vorhänge

Da es Vorhänge aus allen möglichen Materialen gibt, sind sie eine tolle Möglichkeit, sich richtig auszutoben. Von Leinen bis zu stylishen 70-ies Mustern ist alles drin. Traut euch einfach.
Wenn ihr grober gewebte Vorhänge verwendet, solltet ihr unbedingt die Kanten gut verarbeiten und mit aufbügelbarem Nahtband arbeiten. Das macht die Nähte stabiler und verhindert, dass der Stoff sich an den Nähten auflöst.

Plaids und Tagesdecken

Aktuell sind gequiltete Stoffe ja super angesagt. Häufig haben alte Tagesdecken genau diesen Look. Sie lassen sich prima zu meiner Jacke mit weiten Ärmeln verarbeiten.
Wenn ihr grob gewebte Plaids vernäht, solltet ihr beim Zuschnitt besonders vorsichtig sein, damit sich nicht zu viele Fäden lösen. Diese Stoffe müsst ihr unbedingt mit aufbügelbarem Kantenband bearbeiten und mit einer Overlockmaschine versäubern.

Alte Kleidungsstücke

Natürlich sind alte Kleidungsstücke ein riesiger Fundus an tollem Material zum Upcyceln. Ihr könnt dabei auf zwei unterschiedliche Arten vorgehen: Entweder zerschneiden und etwas komplett Neues nähen oder mit Anpassungen und Veränderungen am Schnittmuster eine bessere Passform oder einen neuen Look kreieren. In Kapitel 3 und 4 findest Du mehr Informationen und Anregungen dazu.
Wenn bei Pullovern die Hals- und Armbündchen abgewetzt sind oder an Elastizität verloren haben, der Rest des Materials aber noch in gutem Zustand ist, kannst Du diese ohne großen Aufwand ersetzen. Ein Beispiel dafür zeige ich Dir in Kapitel 2.
Grundsätzlich lohnt es sich bei Kleidung auch immer, das Zubehör genauer anzuschauen und ggf. Knöpfe, Reißverschlüsse oder Gürtelschnallen und Kordelenden aufzuheben.

Textile Wachstücher

Wachstücher sind ein tolles Material für Taschen oder Lunchbags. Ich bevorzuge Wachstücher mit textiler Rückseite, da ich sie für deutlich haltbarer und auch leichter zu verarbeiten halte.

Spitzendeckchen

Spitzendecken sind eine tolle Möglichkeit, einen Blickfang an einem Kleidungsstück zu schaffen. Du kannst sie hinter V-Ausschnitte nähen oder einen Rückeneinsatz in einem Shirt oder Kleid daraus fertigen.

Gürtel

Alte Gürtel eignen sich prima als Verschlüsse, Taschengurte oder Tragegriffe für Taschen. In meinem Bespiel für den Shopper aus Wollteppich habe ich einen alten Gürtel als Verschluss verwendet.
Falls das Leder hart geworden ist oder die Oberfläche sehr verkratzt ist, kannst Du den Gürtel dünn mit einer klassischen Hautcreme einreiben. Das verleiht dem Leder neue Elastizität und Glanz.

Leder

Aus alten Sitzmöbeln lassen sich sehr gut größere Lederteile gewinnen. Besonders die Rückseiten sind oft wenig beansprucht und sehen aus wie neu. Aber auch alte Lederjacken oder Lederröcke bieten Material für eure DIY-Projekte.
Leder wird mit der Zeit häufig immer steifer und fester. Mit etwas Pflege kannst Du Leder aber auch wieder weich bekommen: Behandele zunächst das Leder mit Wasserdampf aus dem Dampfreiniger oder über einem Topf mit kochendem Wasser. Dabei sollte das Leder jedoch nur mit dem Dampf in Berührung kommen. Mit der Zeit saugt das Leder die Feuchtigkeit auf und wird weicher. Wenn Dir das Leder weich genug erscheint, lass es gut auskühlen. Reibe es anschließend mit Lederfett ein.
Mein Tipp zur Pflege von Leder ist eine einfache Hautcreme. Reibe das Leder regelmäßig dünn damit ein und es bleibt lange schön und geschmeidig.

Teppiche

Sehr kreativ, aber auch etwas tricky ist das Nähen mit Teppichen. Ich habe mir vor Jahren einen Mantel aus einem marokkanischen Teppich genäht und nun für dieses Buch den Shopper aus einer sauberen Ecke meines total verfleckten Wollteppichs.
Beim Nähen mit Teppich musst Du beachten, dass sich das Gewebe an den Schnittkanten wahnsinnig schnell auflöst. Schneide deswegen unbedingt mit mehr Nahtzugabe zu und benutze aufbügelbares Nahtband. Ich habe das Nahtband sogar schon vor dem Ausschneiden entlang der aufgezeichneten Schnittlinien aufgebügelt. Beim Arbeiten mit Wollteppich solltest Du beim Aufbügeln auch unbedingt ein Baumwolltuch über Teppich und Nahtband legen, damit Du mit der benötigten Temperatur bügeln kannst, ohne dass die Wolle Schaden nimmt.
Teppiche sind häufig sehr dick und schwer zu vernähen. Bitte prüfe zunächst vorsichtig, ob Deine Nähmaschine das überhaupt schafft.

Knöpfe

Alte Knöpfe lassen sich super wieder verwenden. Ich schneide mittlerweile von allen Kleidungsstücken, die wegen maximalem Verschleiß, bösen Flecken oder untragbarem Material in der Mülltonne landen, die Knöpfe ab und sammele sie in meiner Knopfschachtel.

Reißverschlüsse

Auch Reißverschlüsse können problemlos weiterverwendet werden. Ich trenne besonders die Metallreißverschlüsse aus Jacken und Jeans gerne heraus.
Aber auch die Endlosreißverschlüsse von Bettwäsche eignen sich gut für neue DIY-Projekte.

Arbeitsutensilien

Ich setze mich im folgenden Abschnitt vor allem unter dem Gesichtspunkt Nachhaltigkeit mit den notwendigen Arbeitsutensilien auseinander. Mir persönlich ist es ein großes Anliegen, schonend mit den uns zur Verfügung stehenden Rohstoffen umzugehen und die Produktion nicht durch den Kauf von wenig langlebigen Produkten unnötig anzuheizen. Auch hier habe ich wieder eine Sammlung von Impulsen zusammengestellt, die man sicherlich noch durch viele weitere gute Ideen ergänzen könnte.

Nähmaschine und Overlock-Maschine

Falls ihr euch gerade mit dem Kauf eurer ersten oder einer neuen Nähmaschine auseinandersetzt: Denkt unbedingt auch an die Möglichkeit, eine gebrauchte Nähmaschine zu kaufen. Ich selbst schwöre auf meine Maschinen aus den 80-ern. Diese haben ein deutlich stabileres Innenleben als die aktuellen Maschinen, da mehr Teile aus Metall bestehen. Man kann sie reparieren lassen und kleinere Reparaturen mit etwas Geschick sogar selbst durchführen.

Schere

Auch beim Thema Schere setze ich persönlich auf nachhaltige Produkte. Natürlich hat eine richtig gute Stoffschere ihren Preis, aber ehrlich gesagt sind sie das auch wert. Nicht nur, dass der Zuschnitt deutlich leichter von der Hand geht und die Kanten schöner werden, diese Scheren sind bei guter Pflege auch viel länger scharf. Wichtig ist, dass Du ausschließlich Stoff damit schneidest. Viele hochwertige Stoffscheren können auch erneut geschärft werden, wenn sie nicht mehr so gut schneiden. Häufig wissen die örtlichen Stoffläden, wo man sie gut schleifen kann.

Stifte etc.

Für ein gutes Nähergebnis ist es unabdingbar, Markierungen vom Schnittmuster auf den Stoff zu übertragen. Heute gibt es dafür jede Menge sehr praktischer Markierstifte. Ich habe sie auch eine Weile genutzt, war aber jedes Mal verblüfft, wie schnell sie leer sind und wie viel Plastikmüll durch die Benutzung entsteht. Mittlerweile bin ich bei der guten alten Schneiderkreide gelandet, die ich ganz klassisch in rechteckigen Stücken kaufe. Alternativ nutze ich Bleistift für helle Stoffe und auf dunkleren Stoffen auch die kleinen Seifenreste, die eh zu dünn zum Händewaschen sind.

Aufbewahrung

Ich habe viele meiner Nähutensilien in Gläsern verwahrt. Der Vorteil ist, dass nichts einstaubt, alles gut sortiert werden kann und man sogar sieht, was im Glas ist.

Stecknadeln

Das ist jetzt leider ein echter Anti-Nachhaltigkeitstipp, aber das Aufbewahren von den Nadeln, die in neuen Hemden stecken, lohnt sich nicht. Diese haben keine schöne glatte Spitze und machen die Stoffe beim Zusammenstecken häufig schon kaputt. Kauft euch lieber einmal gute Stecknadeln und geht pfleglich mit ihnen um.

Material zum Abpausen

Bitte paust Schnittmuster mit dünnem Seidenpapier ab und nicht mit Folie. Dies wird zwar in vielen Nähgruppen empfohlen, produziert aber völlig unnötigen Plastikmüll und ist auch nicht wirklich praktischer.

Aufhübschen

Neuer Glanz für alte Kleidung

In diesem Kapitel möchte ich euch einige Impulse geben, wie ihr schon mit kleinen Veränderungen neuen Schwung in euren Kleiderschrank bringen könnt. Manchmal bedarf es keiner großen Aktion, um aus einem ungeliebten Stück ein neues Lieblingsteil zu machen.

Neue Farbe

Färben ist eine gute Möglichkeit, Textilien neues Leben einzuhauchen. Gerade natürliche Fasern verlieren mit der Zeit Farbe und sehen dann alt und abgetragen aus. Du kannst ihnen leicht durch ein Auffrischen der Farbe zu neuem Glanz verhelfen.

Aber Vorsicht: Nicht alle Textilien nehmen Farbe gut an. Reine Naturfasern sind auf jeden Fall besser färbbar. Synthetische Fasern kannst Du nicht so einfach färben. Gut färben lassen sich Textilien aus Baumwolle, Viskose, Leinen sowie Mischfasern mit mindestens 60 Prozent Naturfasern. Kunstfasern wie Polyester, Acryl, Polyacryl kann man nicht färben. Auch bei Seide und Wolle solltest du sehr vorsichtig sein. Diese kannst du nur mit Naturfarben oder speziellen Färbemitteln färben.
Bitte denke auch daran, dass Kleidungsstücke aus Naturfasern oft mit Nähten aus synthetischem Garn versehen sind. Diese nehmen die Farbe kaum auf, wodurch nach dem Färben ein deutlicher Kontrast entstehen kann. Dies sollte Dir bewusst sein. Aus diesem Grund bleibe ich beim Färben von fertigen Kleidungsstücken meist in einem ähnlichen Farbbereich, dann fallen die Nähte nicht so auf.

Am einfachsten ist es, die Stoffe in der Waschmaschine zu färben. Hierfür kannst Du auf unterschiedliche Farb-Hersteller zurückgreifen. Die benötigte Menge des Färbemittels orientiert sich am Gewicht des Kleidungsstücks. Richte Dich beim Färben genau nach der Anleitung des Herstellers, dann kann eigentlich nichts schief gehen.

Alternativ kannst Du mit Pflanzen Deine Stoffe selbst färben. Dies ist eine kleine Wissenschaft für sich. Falls Du Dich in diesem Bereich ausprobieren möchtest, empfehle ich Dir, Dich mit einem guten Buch einzulesen, damit am Ende auch ein schönes Ergebnis herauskommt.

Eine weitere Möglichkeit, Farbe ins Spiel zu bringen, ist das Bedrucken von Kleidung mit Stoffmalfarbe. Ich habe in meinem Beispiel unterschiedlich große Korken als Träger der Farbe verwendet. Wichtig ist, die Farbe genau nach Anleitung zu verwenden und Zeitung zwischen die Stofflagen zu legen, damit nichts durchdrückt. Trage sie mit einem Pinsel dünn auf die Korken auf. Es empfiehlt sich, ein paar Probedrucke auf einem Stoff zu machen, den Du nicht mehr benötigst. Wenn Du den Dreh heraus hast, kannst Du Dich dann am eigentlichen Teil austoben. Wenn Du fertig bist, lass alles gut trocknen und fixiere die Farbe nach Anleitung mit dem Bügeleisen.

Besticken

Mit Stickereien erstrahlen selbst einfache Oberteile, Hosen und Kleider in neuem Glanz und erhalten das gewisse Extra. Und es ist weder besonders schwer noch besonders aufwendig. Alles, was man braucht: ein Kleidungsstück oder Stoff, Stickgarn (dünnes Baumwollgarn, Perlgarn), Sticknadeln und eventuell einen Stickrahmen (nicht unbedingt nötig, erleichtert aber die Arbeit). Mit ein wenig Zeit, Geduld und Fantasie kommst Du schnell zu schönen Ergebnissen.

SASHIKO
6"
4"

ANLEITUNG STICKEN IM SASHIKO-STIL

Du benötigst:

- Kleidungsstück oder Stoff
- Stickgarn oder dünnes Baumwollhäkelgarn
- eine lange Sticknadel mit spitzer Nadelspitze
- ein auswaschbarer Stift zum Übertragen der Vorlage auf den Stoff (ein gut gespitzter Bleistift funktioniert auf vielen Stoffen auch gut)
- Schablone
- Schere
- evtl. Fingerhut

Ich persönlich mag Stickereien im Sashiko-Stil momentan sehr. In diesem Buch habe ich den Rock »Marnie« mit solchen Stickereien versehen und auch die Passe der grauen Leinenbluse ist auf diese Art verziert.
In meinem Beispiel orientiere ich mich an der Sashiko-Technik, es handelt sich aber nicht um die eigentliche traditionelle Stickkunst aus Asien, vor der ich höchsten Respekt habe. Ich verwende fertige Schablonen, Du kannst Dir Dein gewünschtes Muster aber auch frei Hand zeichnen oder selbst eine Schablone mit Karton und einem Skalpell erstellen.

Anleitung:

1. Übertrage die Anordnung der Stiche mittels einer Schablone oder frei Hand auf den Stoff oder das Kleidungsstück.

2. Schneide ein ca. 50 cm langes Stück Stickgarn ab, fädele es auf die Nadel und mache einen Knoten am Ende und steche es von hinten an der Stelle durch den Stoff, an der Du starten möchtest.

3. Am besten funktioniert das Sticken, wenn Du den Stoff und nicht die Nadel bewegst. Du hältst die Nadel in einer Hand und legst den Stoff mit der anderen Hand so auf die Nadel, dass die Nadelspitze an den aufgezeichneten Stellen durch den Stoff sticht. Dabei hältst Du die Nadel fest in einer Hand und mit der anderen bewegst du den Stoff, sodass die Stiche den aufgezeichneten Linien folgen. Dabei werden so viele Stiche wie möglich auf einmal auf die Nadel gelegt, bis der Faden durchgezogen wird und wieder neu angesetzt wird. Wenn Du möchtest, kannst Du hierzu einen Fingerhut nutzen. Wichtig ist dabei, dass zum Sticken immer der kürzeste Weg durch das Muster gesucht wird.

4. Sticke mit dem Faden so lange, bis er zu kurz ist. Versäubere ihn auf der Rückseite und mache mit einem neuen Faden weiter. Führe dies so lange fort, bis Du fertig bist.

1

2

3a

3b

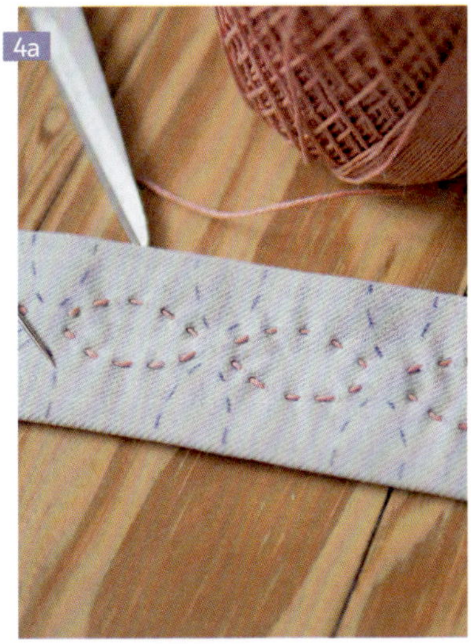

4a

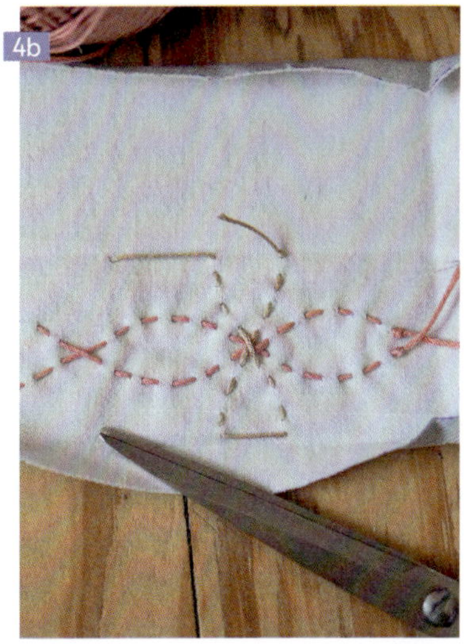

4b

tutto
bene

Applikationen

Applikationen machen jeden schlichten Sweater zu einem einzigartigen IT-Piece. Mein Favourite sind Statement-Applikationen. Hier zeige ich euch eine schnelle und unkomplizierte Art, eine solche Applikation selbst zu erstellen.

Du benötigst:

- T-Shirt oder Pullover
- Stoffreste, Du kannst Webware oder Jersey verwenden
- Vlieseline oder Sickvlies
- Nähmaschine
- Jerseynadel
- Garn in passender Farbe
- spitze Schere
- Stecknadeln
- Stoffkleber, alternativ Klebestift
- Drucker
- Computer
- Filzstift
- Lineal oder Maßband zum Ermitteln der Position

Anleitung:

1. Schriftzug-Motiv erstellen: Ich erstelle meine Schriftzüge am liebsten selbst. Dazu suche ich mir in Word eine passende Schrift aus und erstelle meine Vorlage in der gewünschten Größe. Es ist hilfreich, die Vorlage im Querformat und fett geschrieben zu erstellen.

2. Motiv übertragen: Schneide ein für die Applikation passendes Stück Stickvlies oder Bügeleinlage zu. Stecke es mit Stecknadeln auf der Vorlage fest. Die Klebeseite (man erkennt sie an den kleinen Pünktchen) liegt dabei oben, damit der Schriftzug am Ende richtig herum auf dem Shirt zu lesen ist. Zeichne die Buchstaben mit dem Filzstift direkt auf das Vlies auf.

3. Vlies auf den Applikationsstoff bügeln: Bügele den vorbereiteten Schriftzug auf die linke Stoffseite auf und lass alles gut auskühlen. Bügele ebenso auf die Rückseite Deines Shirts ein passendes Stück Vlies an der Stelle, wo die Applikation sitzen soll. Benutze zur Markierung der Stelle Stecknadeln.

4. Applikation ausschneiden: Schneide mit einer spitzen Schere die Applikation vorsichtig aus.

1

2

3

5. Applikation platzieren: Platziere die Buchstaben mithilfe des Maßbandes auf der Stelle, wo sie später sitzen soll. Klebe die Buchstaben mit dem Soffkleber fest und drücke sie gut an. Ich stecke sie gerne zusätzlich noch mit Stecknadeln fest, damit auch wirklich nichts verrutscht.

6. Applizieren: Steppe die Applikation rundherum mit einem kleinen Zickzack-Stick oder einem Applikationsstich fest. Die Nadel sollte dabei einmal in den Stoff und einmal knapp neben dem Stoff einstechen. Alle Rundungen sorgsam ausarbeiten. Den Stoff nur drehen, wenn sich die Nadel im Stoff befindet. An kniffeligen Stellen das Handrad benutzen und damit langsam weiter nähen. Auf diese Weise kann man jeden Stich kontrollieren. Wenn Du alle Buchstaben auf diese Weise befestigt hast, hast Du es geschafft und bist fertig.

tutto
ben

Bündchen ersetzen

Da die Bündchen bei häufigem Gebrauch irgendwann ihre Elastizität verlieren oder sich schlicht und ergreifend auflösen, kann ihr Ersatz eine echte lebensverlängernde Maßnahme für den Pullover sein.
Der Pulli, den ich zum Applizieren verwendet habe, hatte wirklich angefressene Bündchen, die in Schwarz auch ziemlich trist wirkten. Ich habe beim Ersetzen auch gleich mal die Chance genutzt, den Pulli etwas freundlicher zu gestalten und die Farbe der Applikation aufgegriffen.

Du benötigst:

- Pullover
- Material für neue Bündchen, ich habe in meinem Beispiel Fertigbündchen verwendet
- Schere
- Nahtauftrenner
- Stecknadeln
- Maßband
- Stift zum Markieren
- Nähmaschine oder Overlock
- Jerseynadel

Anleitung:

1. Trenne die alten Bündchen mit dem Nahtauftrenner oder einer kleinen Schere ab. Wenn die Naht mit der Overlock genäht war, hilft Dir folgender Tipp beim Auftrennen: Lege die Overlocknaht, die du auftrennen möchtest, so vor dich hin, dass die Seite mit den Nähten, die von der Nadel kommen sichtbar sind. Nimm den Nahtauftrenner oder die kleine Schere und trenne die Nadelnähte an einer Stelle auf. Trenne noch 2–3 weitere Stiche auf. Achte darauf, dass du wirklich nur die Stiche auftrennst, die von der Nadel kommen.

Nun ziehst du vorsichtig an einem Nadel-Faden. Im Idealfall lässt er sich komplett herausziehen. Ansonsten ziehst du ihn in kleinen Etappen heraus. Das Gleiche machst du auch mit dem zweiten Nadel-Faden. Wenn beide Fäden, die von der Nadel kommen, entfernt sind, kannst du nun die »Schlaufen«-Fäden ganz einfach abziehen.

2. Ermittele die Länge der neuen Bündchen mit folgender Formel: Umfang der Öffnung mit dem Maßband ausmessen, an die das Bündchen angenäht werden soll. Dann mit 0,7 multiplizieren, bei schwer dehnbarem Bündchen oder Jersey mit 0,8. Schneide die benötigte Länge des Bündchens zu und schließe es mit einer Nähmaschinen- oder Overlocknaht zum Ring.

Dein Bündchen ist schmaler als der übrige Stoff und muss daher beim Annähen gedehnt werden. Um die Dehnung gleichmäßig verteilt zu bekommen, fixiere das Bündchen einmal an der Naht mit einer Stecknadel und falte es dann einmal flach aufeinander. Die Stelle gegenüber der Naht markierst Du mit einer weiteren Stecknadel. Als nächstes faltest Du den Stoff entgegengesetzt, so dass jetzt die beiden Stecknadeln in der Mitte aufeinandertreffe. Die Knicke markierst Du wieder mit je zwei Nadeln. Dasselbe machst Du auch mit deinem Ärmel bzw. Saum.

Ziehe nun das Bündchen über Ärmel oder Saum und stecke die markierten Stellen aufeinander. Achte dabei darauf, dass die Naht des Rings an einer der Seitennähte liegt. Stecke das Bündchen rundherum fest.

Nähe die Naht mit der Nähmaschine oder Overlock an der Außenkante entlang fest.

3. Nähe nun nacheinander alle Bündchen gedehnt an.

1
tutto
bene

2

3

Anschneiden

Mit kleinen Änderungen zum neuen Traumteil

In diesem Kapitel zeige ich Dir, wie Du aus ausrangierter Kleidung mit ein paar Änderungen ein völlig neues Teil zauberst. Dabei hängt die endgültige Passform natürlich auch sehr vom ursprünglichen Kleidungsstück ab. Ich gebe Dir hier mit meinen bebilderten Anleitungen Impulse, Du bist jedoch herzlich eingeladen, Dein Vorgehen individuell auf das Kleidungsstück anzupassen, mit dem Du arbeitest.

Bluse Vroni

In unserem Haushalt werden regelmäßig Hemden aussortiert, die an Kragen und Manschetten abgewetzt, aber sonst noch super in Schuss sind. Für diese geraffte Bluse im Boho-Trachten-Stil brauchst Du ein Hemd oder eine Damenbluse mit einer Mehrweite von mindestens 20 cm zu Deinem Brustumfang. Da Du weder Kragen noch Manschetten brauchst, macht es nichts, wenn diese abgenutzt sind. Der Stoff von Vorder- und Rückteil sollte jedoch unbeschädigt sein.

Du benötigst:

- ein langärmeliges Herrenhemd oder eine Damenbluse mit 20 cm Mehrweite zu Deinem Brustumfang
- 2 cm breites Gummiband, Länge nach Maßtabelle
- Farblich passendes Nähgarn
- Maßband
- Stecknadeln
- Schneiderkreide oder Bleistift
- Kleine Schere oder Nahtauftrenner
- Eine Sicherheitsnadel zum Einziehen des Gummis
- Nähmaschine
- optional: Overlockmaschine zum Versäubern

Maßtabelle Gummiband:

1. Größe 36: 2 x 11 cm, 1 x 26 cm
2. Größe 38: 2 x 12 cm, 1 x 28 cm
3. Größe 40: 2 x 13 cm, 1 x 30 cm
4. Größe 42: 2 x 14 cm, 1 x 32 cm

Anleitung:

1. Beginne mit dem Heraustrennen beider Ärmel. Es dauert zwar etwas länger, lohnt sich aber, weil sich die Kanten dann sauberer verarbeiten lassen.

2. Trenne Kragen und Schulterpartie wie auf dem Foto abgebildet ab. Vorne: kurz unterhalb des Kragenstegs eine waagrechte Linie ziehen. Hinten: Kurz unterhalb der Schulterpasse waagrecht abschneiden.

3. Nun bestimmst Du die genaue Höhe des Vorderteils, indem Du Dich am 3. Knopf und Knopfloch von oben orientierst (der Knopf am Kragensteg zählt mit). Bringe wie auf dem Foto abgebildet die Markierungen für den Umbruch ober- und unterhalb des 3. Knopflochs von oben an. Von der Mitte des Knopflochs aus jeweils 1,5 cm nach oben und 1,5 cm nach unten. Dies ergibt einen 3 cm breiten Tunnel für das Gummiband. Die Bruchkante ist 1,5 cm über der oberen Markierung.

4. Schneide für einen schönen Abschluss der Knopfleiste, wie auf dem Foto abgebildet, den Stoff an der oberen Kante aus. Kürze den Umbruch auf 6,5 cm oberhalb der Umbruchkante.

5. Nun arbeitest Du die Knopfleiste, indem Du die bestehende Naht bis ca. 1 cm unter der unteren Markierung auftrennst. Stecke danach die beiden Stofflagen rechts auf rechts aufeinander. Dieser Schritt ist wegen der bestehenden Knopflöcher etwas knifflig, aber mit etwas Geduld und genügend Stecknadeln gut machbar. Schließe dann die Naht.

Material

1

2

3

4

5

6. Bügele für den Tunnelzug die obere Kante 1 cm nach innen. Falte dann die markierte Umbruchkante ebenfalls nach innen und bügele sie. Fixiere die Unterkante des Umbruchs mit Stecknadeln und steppe sie auf der markierten Höhe parallel zur Umbruchkante fest.

7. Ziehe das Gummi vom Armausschnitt her mithilfe einer Sicherheitsnadel in den Tunnel und fixiere es mit Stecknadeln an beiden Enden. Nähe es am Armausschnitt mit einigen Stichen fest. Steppe die Knopfleiste fest und fixiere dabei auch das eingezogene Gummi mit dieser Naht. Da sich die Elastizität von Gummibändern immer etwas unterscheidet, prüfe bitte, ob das Gummi so passt, oder ob Du es noch etwas kürzen möchtest. Dafür kannst Du auch warten, bis Du die Träger angenäht hast, da Du von der Armkugel her gut an die Gummis kommst. Fertige den hinteren Tunnelzug auf dieselbe Art, ziehe das Gummi ein und fixiere es mit einigen Stichen. Schneide für die Träger zwei Streifen mit den Maßen 10 x 36/37/38/39 cm im Fadenlauf aus dem Stoff der Ärmel zu.

8. Stecke diese an den langen Seiten aufeinander und steppe sie mit 1 cm Nahtzugabe aufeinander.Nun wende sie und bügele sie flach.

9. Stecke die Träger mit 1 cm Abstand zur Schulter an Vorder- und Rückteil fest. Ziehe dabei die Raffung nicht glatt. Wenn Deine Schultern etwas abfallend sind, kannst Du den Sitz der Träger verbessern, indem Du sie leicht schräg annähst, so dass der Träger innen etwas länger ist. Steppe die Träger entlang der oberen Nahtlinie fest.

10. Miss nun die Strecke der Armkugel aus und nehme sie mal 2. Schneide 4 cm breites Schrägband in entsprechender Länge aus dem zweiten Ärmel im schrägen Fadenlauf zu. Bügele es der Länge nach auf beiden Seiten jeweils 1 cm nach innen und dann noch einmal zur Hälfte gefaltet. So sieht es aus wie ein gekauftes Schrägband.

11. Stecke zum Versäubern des Armausschnitts das Schrägband rechts auf rechts an die Kante des Armausschnitts. Lass an den Enden jeweils 1 cm Schrägband überstehen. Klappe die überstehenden Enden dann nach innen und nähe das Schrägband mit 1 cm Nahtzugabe fest.

12. Kürze die Nahtzugabe auf 0,5 cm.

13. Klappe das Schrägband um die Nahtzugabe und dann noch einmal nach innen um. Steppe es in Füßchenbreite ab.

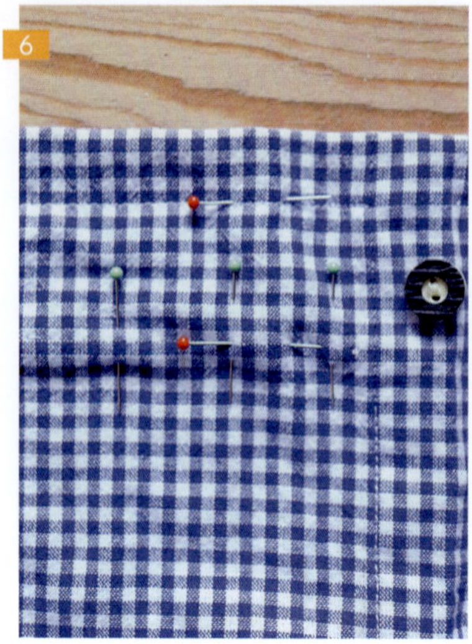

8

10

9

11

12

13

Vespa

Trackpant Sansibar

Wie Du aus einer zu weiten Damen- oder Herrenhose eine lässige Trackpant machst, zeige ich Dir im Folgenden. Außer passendem Garn, Gummiband und ein paar Arbeitsutensilien benötigst Du nichts weiter.

Du benötigst:

- Damen- oder Herrenhose, die am Bund mindestens 15 cm zu weit sein sollte
- Gummiband, 1 cm schmaler als der Bund der Hose, ca. 15 cm weniger lang als Deine Bundweite plus zwei Gummis für die Beinabschlüsse
- Farblich passendes Garn
- Nahtauftrenner
- Stecknadeln
- Maßband
- Nähmaschine
- Schere
- Sicherheitsnadel zum Einziehen des Gummibandes

Anleitung:

1. Trenne alle Gürtelschlaufen an der oberen Naht ab.

2. Trenne die untere Bundnaht auf der Innenseite der Hose auf Höhe der ersten Gürtelschlaufe vorsichtig auf ca. 3-4 cm Länge auf. Hier wird gleich das Gummiband eingezogen.

3. Ermittle nun die Maße des Gummibandes: Die Breite des Gummibandes sollte ca. 1 cm schmaler sein als der Hosenbund.

4. Die Länge des Gummibandes ermittelst Du, indem Du die Hose anziehst, der Bund muss dabei auf der gewünschte Leibhöhe liegen. Miss dann auf dieser Höhe die Strecke zwischen den beiden äußeren Gürtelschlaufen einmal um Deinen Körper herum. Von diesem Wert ziehst Du 10 % ab und gibst 2 cm Nahtzugabe dazu.

5. Ziehe das Gummiband mit einer Sicherheitsnadel in den Bund ein, sichere das hintere Ende mit einer Stecknadel. Bitte achte darauf, dass sich das Gummi um Bund nicht verdreht und die Nahtzugeben weiter schön flach liegen. Da Gummibänder immer etwas unterschiedlich elastisch sind, empfehle ich Dir, zunächst eine Seite anzunähen und die andere nur zu stecken. Schlüpf dann kurz zur Kontrolle in die Hose und passe die Länge des Gummis ggf. noch einmal an. Verteile vor dem Anprobieren den Stoff gleichmäßig auf dem Gummi, die Raffung sieht dann überall ähnlich aus.

Material

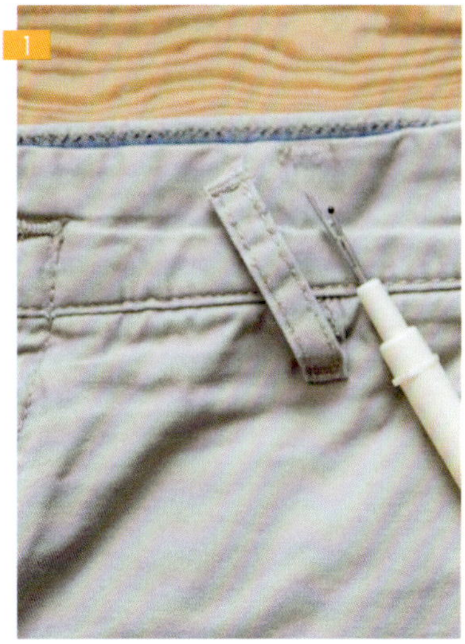
1

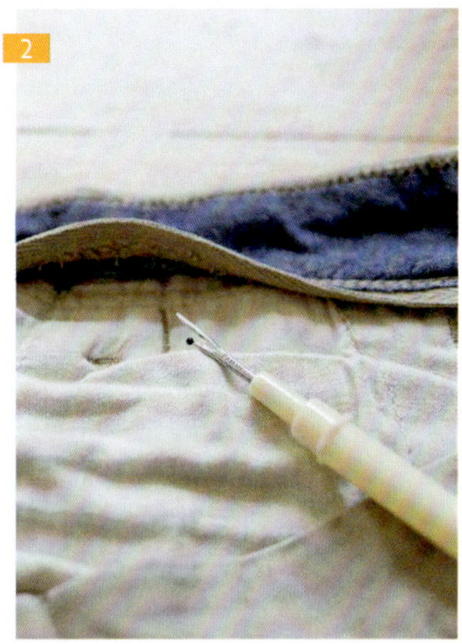
2

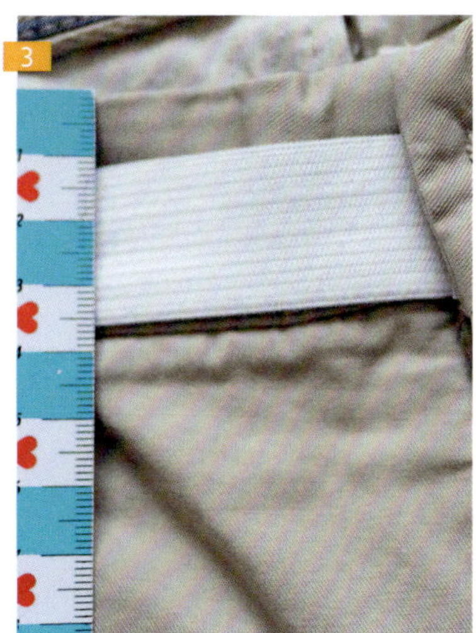
3

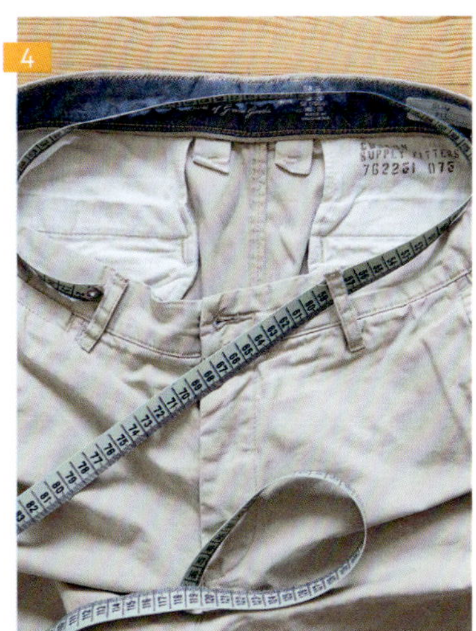
4

5

6. Wenn alles passt, nähe das Gummi mit einer Naht auf Höhe der Gürtelschlaufe fest.

7. Die Gürtelschlaufe verdeckt diese Naht, wenn sie wieder angenäht ist. Ich nähe diese Naht immer doppelt.

8. Schließe den Bund an den geöffneten Stellen wieder. Pass dabei unbedingt auf, dass das Gummi nicht mit angenäht wird.

9. Wenn Du möchtest, kannst Du das Gummi flach steppen. Dehne dazu das Gummiband und stecke es zunächst jeweils auf der Hälfte der Gesamtlänge und jeweils auf den Vierteln fest. Damit stellst Du sicher, dass das Gummi später gleichmäßig im Stoff verteilt ist. Steppe nun langsam mit gleichmäßiger Dehnung mit Stichlänge 3 in der Mitte des Hosenbundes gedehnt ab. Das funktioniert am besten, wenn Du mit beiden Händen vorne und hinten sanft am Nähstück ziehst und die Handposition nur veränderst, wenn die Nadel im Stoff steckt. Je nach Geschmack kannst Du nur die Hälfte oder jeweils auch die Viertel des Bundes absteppen.

6

7

8

10. Schlage für die Beinabschlüsse die Hosenbeine jeweils in Saumbreite nach innen, bügele die Kante und stecke sie fest.

11. Steppe den Beinsaum, lass dabei eine Öffnung zum Einziehen der Gummis.

12. Miss die benötigte Länge der Gummis ab, indem Du den Umfang Deiner Unterschenkel auf Höhe des Saums abnimmst und 2 cm für den Übertritt dazu gibst. Ziehe die Gummis ein und schließe den Saum. Steppe nach persönlichem Geschmack ab.

9

10

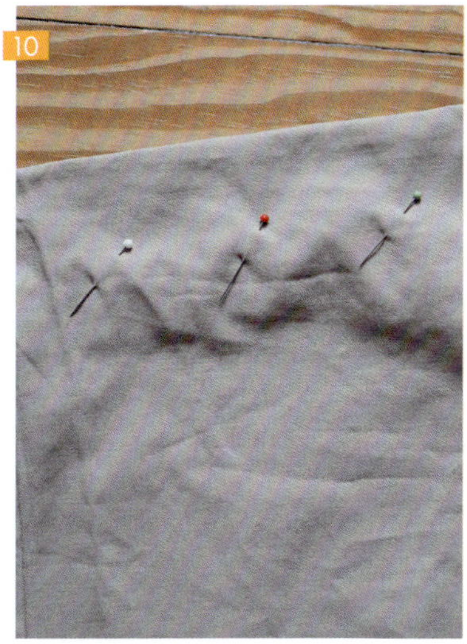

11

12

Slipover Hans-Dietrich

Wer hätte das gedacht? Die guten alten Pullunder sind zurück und dieses Mal liebe ich sie sehr und habe auch endlich ihre Vorzüge verstanden. Sie sehen gerade über Puffärmeln ganz zauberhaft aus und geben noch dazu genau die richtige Menge warm, um auch im Herbst noch seine geliebten Blusen ausführen zu können.
Aus einem ausrangierten Pulli kannst Du Dir so ein Trendteil auch gut selbst nähen. Ich habe in meinem Beispiel einem alten Pullover meines Partners neues Leben eingehaucht. Er ist aus feinem Strick aus Woll-Kunstfaser-Mix. Du kannst aber auch groberen Strick und sogar Sweatshirtstoff verwenden.

TIPP: Falls Dein ausgewählter Pullover an manchen Stellen Pilling hat, gebe ich Dir hier einige Tipps, wie Du die lästigen Knötchen wieder los wirst.

Ganz wichtig ist, dass Du die Knötchen nicht abzupfst, da so die Fasern weiter gelockert werden und in der Folge nur noch mehr Pilling entsteht.

Lockere Knötchen können gut mit einer Fusselrolle entfernt werden. Fahre mit der Fusselrolle über die vom Pilling betroffenen Stellen. Lockere Knötchen bleiben dann am Klebestreifen haften. Alternativ kannst Du lockere Fusseln auch entfernen, indem du mit einem Stück Klebeband das Kleidungsstück abtupfst.

Widerspenstigeres Pilling kannst Du mit extra entwickelten Fusselbürsten wegbürsten, mit denen grobe Knötchen schnell und einfach händisch entfernt werden können. Übe beim Bürsten bitte nicht zu viel Druck aus, da sonst schnell Löcher entstehen. Die Bürsten sind im Drogeriemarkt erhältlich.

Besonders stark verfilzte Knötchen kannst Du nur noch entfernen, indem Du sie mit einem elektrischen Pillingrasierer oder einem einfachen Einwegrasierer wegrasierst. Nutze am besten einen Rasierer mit frischer Klinge und ohne Seifenstreifen. Lege dein Kleidungsstück auf einen glatten Untergrund, ziehe das Textil glatt und rasiere vorsichtig und mit nur wenig Druck über die betroffenen Stellen. Die Knoten kannst du anschließend einsammeln. Gerade bei weichen Materialien wie Kaschmir- oder Angorawolle ist besondere Vorsicht geboten. Führe den Rasierer immer nur in eine Richtung, um die Entstehung von Löchern zu verhindern!

Du benötigst:

- alter Pullover, der etwas zu groß ist
- Nähmaschine
- Overlockmaschine zum Versäubern, bei diesem Modell solltest Du unbedingt mit der Overlock versäubern.
- Jersey-Nadeln
- Nahtauftrenner
- Stecknadeln
- Schere
- Nahtband zum Aufbügeln
- 3 cm breites Gummiband, etwas länger als Deine Taillenlänge
- Schneiderkreide

Anleitung:

1. Entferne vorsichtig und mit einer scharfen Schere Arm- und Bauchbündchen. Am saubersten kannst Du schneiden, wenn Du den Ärmel nicht doppelt legst, sondern einen kleinen Schnitt an der Naht setzt und von dort aus einmal rundherum schneidest.

2. Trenne den Bauchbund an beiden Seiten an der Naht auf. Auch die Armbündchen müssen aufgetrennt werden.

3. Stecke ein Armbündchen und eine Hälfte des Bauchbundes mit Stecknadeln zu einem Ring zusammen.

4. Nähe die Teile mit einer Nähmaschine mit Jerseynadel zusammen. Versuche möglichst nah an der Kante zu nähen.

5. Miss den Umfang des Rings, indem Du ihn flach auf den Boden legst. Bei meinem Beispiel ist der Umfang 2 x 28 cm = 56 cm. Um den Umfang des Armausschnitts zu ermitteln, addierst Du zu diesen 56 cm 20% (11,2 cm) = 67,2 cm. Da der Armausschnitt auf der Vorder- und Hinterseite symmetrisch ist, kannst Du als letzten Schritt den Wert noch halbieren.

6. Um den Armausschnitt anzuzeichnen, vergrößerst Du das Armloch, dabei musst Du die oben ermittelte gedehnte Länge des Bündchens berücksichtigen, mit dem das Armloch versäubert wird. Falls Du einen größeren Armausschnitt haben möchtest, kannst Du ihn mit anderer Bündchenware versäubern. Du kannst Deiner Kreativität bei der Form des Armausschnittes freien Lauf lassen. Ich habe in meinem Beispiel an den Schultern recht weit ausgeschnitten, weil mir das zurzeit besonders gut gefällt.

7. Schneide das Armloch mit 1 cm Nahtzugabe auf einer Seite aus.

8. Lege den Pullover in der vorderen Mitte halbiert aufeinander. Übetrage nun das Armloch auf die andere Seite.

1

2

3

4

5

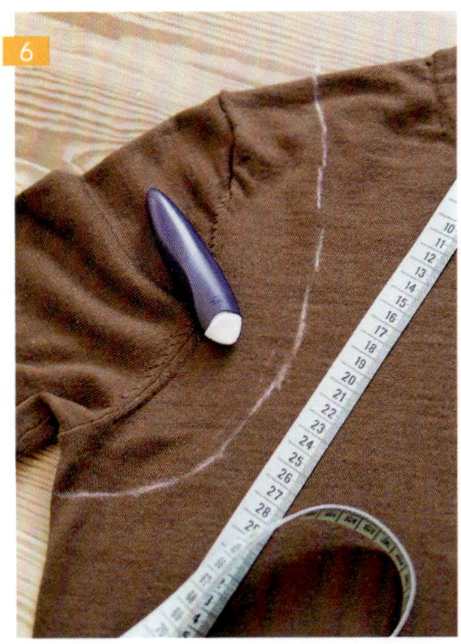
6

7

8

9. Schneide das zweite Armloch auch aus und versäubere beide Armlöcher und den Bund mit der Overlockmaschine.

10. Ich habe mich in meinem Beispiel dafür entschieden, das Armbündchen etwas schmaler zu machen. Dafür habe ich mich an der Breite des Halsbündchens orientiert. Falls Ihr das auch tun wollt, vergesst die Nahtzugabe nicht. Schneide das Bündchen in gewünschter Breite zu und versäubere die offene Kante auch mit der Overlockmaschine.

11. Pass unbedingt auf, dass Du die offene Seite des Bündchens nicht mit abschneidest. Stecke die Armbündchen an den Armausschnitt. Ich habe die Nähte, an denen das Bündchen zusammengenäht wurde, im unteren Teil des Armausschnitts platziert, damit sie nicht so auffallen.

12. Wenn der Stoff sehr dehnbar ist, bügele Nahtband auf die linke Seite des Armausschnitts. Falls der Pullover aus Wolle ist, benutze beim Aufbügeln ein Baumwolltuch, das Du über Pullover und Nahtband legst, damit das Material nicht in Mitleidenschaft gezogen wird. Falls der Strick nicht so dehnbar ist, kannst Du diesen Schritt auslassen und gleich die Armausschnitte mit der Nähmaschine nähen.

13. Für den Bauchbund nähst Du einen Tunnel für das breite Gummi. In meinem Beispiel habe ich ein 3 cm breites Gummi gewählt, ich schlage den Saum 5 cm nach innen und stecke auf der Innenseite 1 cm des Saums nach innen, damit es sauberer aussieht.

14. Nähe den Tunnel, lass am Ende eine ca. 3 cm lange Öffnung frei, wo Du das Gummi einziehen kannst.

15. Schneide das Gummi von der Länge her so zu, dass es locker auf Deiner Hüfte aufsitzt, plus 2 cm Überlappung. Ziehe mit einer Sicherheitsnadel das Gummi ein.

16. Schließe das Gummi zum Ring.

17. Steppe die verbliebene Öffnung im Tunnelzug zu. Du bist fertig, herzlichen Glückwunsch!

10

11

12a

12b

13

14

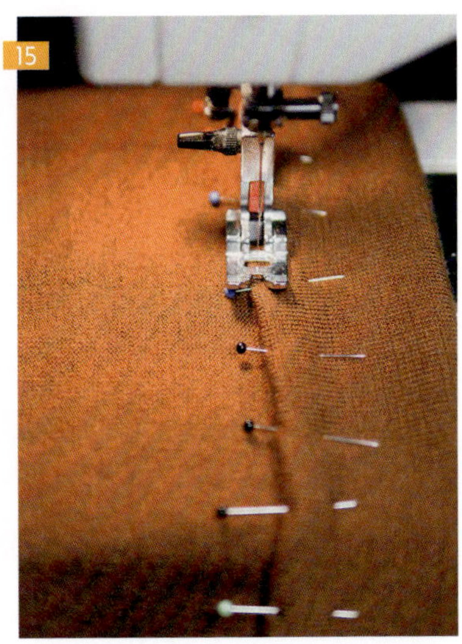
15

16

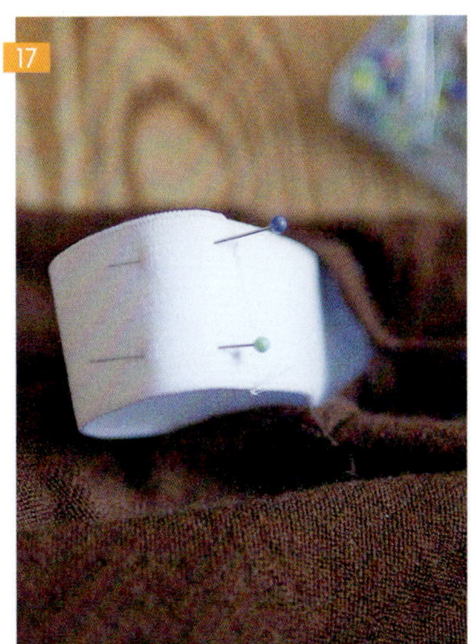
17

Shirt Laola

Eine Bogenkante ist ein echter Eyecatcher und pimpt jedes Kleidungsstück auf, dem ein wenig Pfiff fehlt. Du kannst sie bei jedem nicht zu voluminösen Bekleidungsstoff verwenden, der sich bügeln lässt. Bei Jersey empfiehlt es sich, unbedingt eine dehnbare Einlage zum Aufbügeln zu verwenden, damit die Bögen sich nicht verziehen.

Für mein Beispiel habe ich ein ganz schlichtes Jerseyshirt mit einer Bogenkante am Ausschnitt versehen und diesen gleichzeitig zu einem Carmenausschnitt vergrößert.

Du benötigst:

- Seidenpapier zum Abpausen der Bogenkante
- 1 Jerseyshirt mit hohem Ausschnitt
- Vorlage für die Bogenkante, Du findest sie auf dem Schnittmusterbogen.
- falls nicht genügend Reste beim Vergrößern des Ausschnitts anfallen: etwas Jersey für den Beleg, am besten in der Farbe des Shirts
- dehnbare Einlage zum Aufbügeln
- Nähmaschine
- optional eine Overlockmaschine zum Schließen des Belegs
- Jerseynadeln für die Nähmaschine
- Schere
- Bügeleisen
- Stecknadeln
- Schneiderkreide oder Bleistift

Anleitung:

1. Pause die Vorlage für die Bogenkante ab und klebe diese am besten auf ein festeres Papier und schneide die Bogenkante dann aus.

2. Drehe das Shirt auf links.

3. Lege das Shirt so zusammen, dass die Schulternähte und die Seitennähte gerade liegen und an den jeweiligen Kanten sichtbar sind. Markiere die vordere und hintere Mitte mit jeweils einer Stecknadel.

4. Lege nun die von Dir gewünschte Höhe der Bogenkante fest. Lege die Schablone für den Bogensaum so an, dass

in der Mitte des Shirts entweder die Mitte eines Bogens oder der Knick zwischen zwei Bögen liegt und der Verlauf des Ausschnitts leicht gebogen zur Schulter verläuft, dabei drehst Du die Schablone ein wenig. Gleichzeitig muss der Verlauf des Ausschnitts so sein, dass auch ab der Außenkante des Shirts eine der beiden Stellen liegt. Das klingt jetzt sehr kompliziert, aber mit ein wenig Probieren und Geduld bekommst Du das sicherlich hin. Die Mühe lohnt sich auf jeden Fall. Zeichne zuerst eine Strecke von der Mitte zu einer Kante ein.

5. Schneide die erste Hälfte mit 1 cm Nahtzugabe Abstand zur oberen Rundung des Bogens aus.

6. Markiere Dir am besten die Rückseite, da der Ausschnitt von beiden Seiten gleich aussieht und am Ende das Etikett fehlt. Lege dann die beiden Shirthälften aufeinander, stecke die Kanten fest und schneide vorsichtig die zweite Hälfte aus. Achte darauf, sehr akkurat zu sein, sonst bekommst Du kein gleichmäßiges Ergebnis. Zeichne nun an den drei Seiten, an denen sie bisher nicht eingezeichnet ist, auf der linken Stoffseite die Nahtlinie ein.

7. Schneide einen 5 cm tiefen Beleg in der Breite des Ausschnittumfangs plus 2 cm Nahtzugabe zu und bügle ein Vliesstück auf.

8. Schließe den Beleg zu einem Ring, indem Du die kurzen Enden zusammennähst. Benutze dafür gerne eine Overlockmaschine. Stecke den Beleg rechts auf rechts an die Bogenkante. Dabei ist die Naht des Belegs an der rückwärtigen Mitte.

9. Nähe nun langsam und vorsichtig mit der Nähmaschine an der eingezeichnet Nahtlinie entlang. Achte darauf, dass Du am Knick, wenn Du die Richtung wechselst, die Nadel im Stoff stecken hast.

10. Schneide nun die überstehende Nahtzugabe bis auf 0,3 cm zurück. Am Knick zwischen zwei Bögen schneide vorsichtig einen kleinen Schlitz bis fast zur Naht ein.

11. Verstürze den Beleg, sodass nun die linken Stoffseiten aufeinander liegen und die Bogenkante sichtbar wird und bügele die Bogenkante.

12. Steppe den Beleg in Füßchenbreite von der Bogenkante entfernt fest.

13. Schneide den Beleg vorsichtig mit einer kleinen spitzen Schere zurück. Achte dabei darauf, dass Du nicht in das Shirt schneidest. Jetzt hast Du es geschafft.

10

11

12

13

Aufschneiden

Vintageschätze komplett zerlegt und neu zusammengefügt

In diesem Kapitel findest Du von mir entwickelte Schnittmuster in den Größen 36 bis 42, die sich besonders gut für Re-Fashion-Projekte eignen. Bei der Auswahl der Materialien kannst Du Deiner Kreativität freien Lauf lassen. Bevor Du loslegen kannst, solltest Du Kleidung oder Bettwäsche an den Nähten aufschneiden oder auftrennen und noch einmal gut bügeln, damit der Stoff richtig flach liegt.

Die Nahtzugaben sind im Schnittmuster enthalten. Sofern ich nichts anderes angebe, beträgt die Nahtzugabe 1 cm.

Jacke Aiko

Eins meiner Lieblingsstücke aus meiner me-made Garderobe ist diese Jacke mit weiten angeschnittenen Ärmeln, denn sie passt gefühlt einfach zu allem. Und sogar dicke Pullis oder weite Puffärmel finden mühelos darunter Platz. Ihr könnt die Jacke sowohl aus sommerlich luftigen Materialien wie Leinenvorhängen oder Baumwollbettwäsche nähen, als auch aus wärmeren Stoffen wie Plaids. Ganz besonders mag ich sie aus gequilteten Stoffen wie dem von Tagesdecken.
Ich habe diese Jacke in zwei Varianten entworfen. Eine (Version A) ist für Materialien mit bereits versäuberten Kanten, wie Plaids und Tagesdecken. Bei dieser Version werden die bereits vorhandenen versäuberten Kanten als Säume genutzt, wodurch die meisten Saumzugaben entfallen und der Kragen auch nur einfach und nicht im Bruch zugeschnitten und genäht wird. Die Saumzugaben, die wegfallen, sind im Schnittmuster schraffiert gekennzeichnet und werden beim Zuschnitt von Version A einfach weggeklappt.
Variante B ist für alle Arten von Stoffen geeignet, die keine bereits versäuberten Kanten haben.

Du benötigst:

- Seidenpapier zum Abpausen des Schnittmusters
- Schnittmusterteile auf den Bögen A und B
- Bleistift zum Abpausen des Schnittmusters
- Stoff Deiner Wahl, die Menge hängt sehr von den Maßen des Grundmaterials ab. In der Regel reichen ein Plaid oder eine Tagesdecke aus
- Nähgarn in passender Farbe
- Schere
- Stecknadeln
- Nähmaschine
- optional: Overlockmaschine zum Versäubern
- Bleistift oder Schneiderkreide
- Bügeleisen
- Maßband

Anleitung Variante A

aus Material mit bereits versäuberten Kanten:
Schnittmusterteile:

- Vorderteil 11, 2 x gegengleich zuschneiden, schraffierte Fläche nach innen falten
- Rückteil 12, 1 x im Bruch zuschneiden, schraffierte Fläche nach innen falten
- Kragen 13, 2 x für diese Variante faltest Du das Schnittteil einmal der Länge nach zur Hälfte zusammen. Beim Zuschnitt nutzt Du die Ecken und legst das **Schnittteil** so an, dass eine Ecke die untere Ecke des rechten und linken Kragenteils gibt. Bei diesem Schnitteil musst Du die schraffierte Fläche ausgeklappt lassen, sie ergibt die Nahtzugabe am Hals.
- Taschen 14, 2 x zuschneiden, schraffierte Fläche ist nach innen geklappt, ggf. Muster des Vorderteils beachten.

Material

1. Pause das Schnittmuster in Deiner Größe vom Schnittbogen ab, vergiss dabei nicht, alle Markierungen und den Fadenlauf zu übertragen.

2. Klappe die schraffierten Teile bis auf das am Kragenteil um.

1

2

3. Lege das Schnittmuster auf den Stoff, achte darauf, dass die Unterkante von Vorder- und Rückteil und die Oberkante der Taschen an einer versäuberten Kante anliegen. Berücksichtige auch den Fadenlauf.

4. Beim Zuschnitt des Kragens muss die lange Seite an einer Kante liegen und die untere Ecke des Kragens an eine Ecke vom Stoff treffen, sodass die untere kurze Kragenseite ebenfalls an einer versäuberten Kante liegt. Schneide alle Schnittteile aus.

5. Markiere die Brustabnäher auf beiden Oberteilen gegengleich.

6. Stecke die Brustabnäher zusammen und nähe sie mit einem Geradstich.

7. Wenn der Stoff sehr dick ist, kannst Du den überstehenden Stoff des Brustabnähers bis auf ca. 1 cm Nahtzugabe kürzen und die Kante dann versäubern.

8. Bügele die Brustabnäher zum Ärmel hin. Versäubere nun alle offenen Kanten.

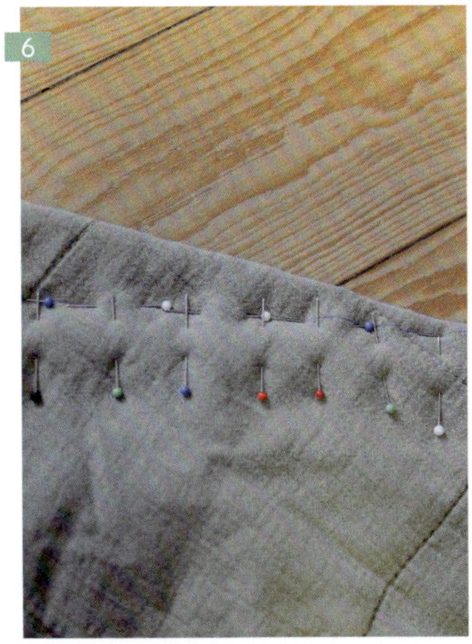

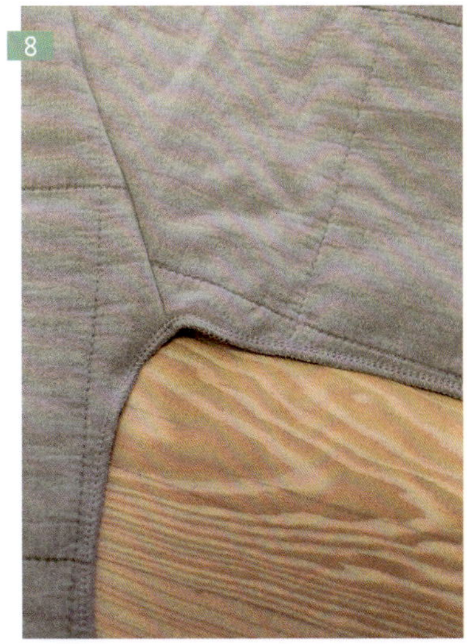

9. Nun bereitest Du die Taschen vor, indem Du die Nahtzugabe an den Seiten und unten 1 cm nach innen bügelst.

10. Platziere die Taschen in der Position auf den Vorderteilen, die Dir am besten gefällt. Achte darauf, die Taschen auf beiden Seiten symmetrisch zu platzieren. Stecke die Taschen mit Stecknadeln fest.

11. Steppe die Taschen knappkantig auf beiden Vorderteilen fest.

12. Stecke die beiden Vorderteile jeweils an den Schulternähten rechts auf rechts aufeinander.

13. Schließe die Schulternaht.

14. Ich steppe die Naht gerne noch flach, indem ich die Nahtzugaben auseinander bügele und rechts und links von der Naht in Füßchenbreite zusätzliche Nähte setze.

15. Stecke die Seitennähte zusammen und nähe sie. Bügele die Naht auseinander.

16. Markiere die hintere Mitte am Halsausschnitt vom Rückteil mit einer Stecknadel.

17. Stecke nun die beiden Kragenteile in der oberen Mitte an den kurzen Seiten zusammen. Nähe die Naht mit 1 cm Nahtzugabe. Bügele die Nahtzugaben auseinander und steppe sie, wenn Du möchtest, flach wie oben beschrieben.

9

10

11

12

13

14

18. Stecke nun den Kragen rund um den Ausschnitt der Jacke fest.

19. Nähe den Kragen fest, auch diese Naht kannst Du flach steppen, wenn Du möchtest.

20. Bügele die Ärmelsäume nach innen um. Im Schnittmuster sind 6 cm Saumzugabe enthalten, Du kannst die Ärmel aber auch länger lassen, indem Du weniger als 6 cm nach innen schlägst. Stecke den Saum fest.

21. Nähe die Ärmelsäume fest und schlüpfe umgehend in Deine neue Jacke und sei stolz auf Dein Werk.

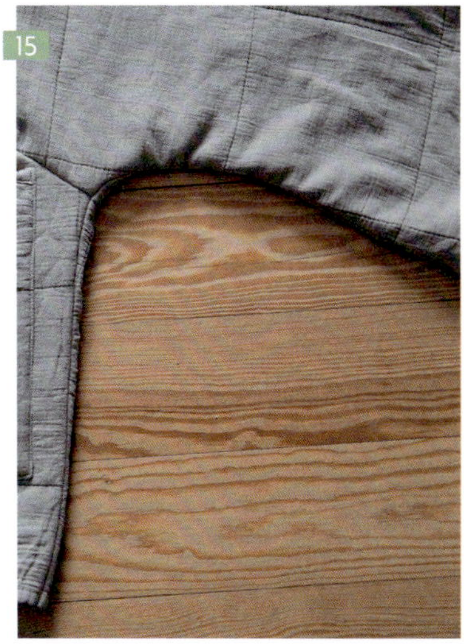

15

16

17

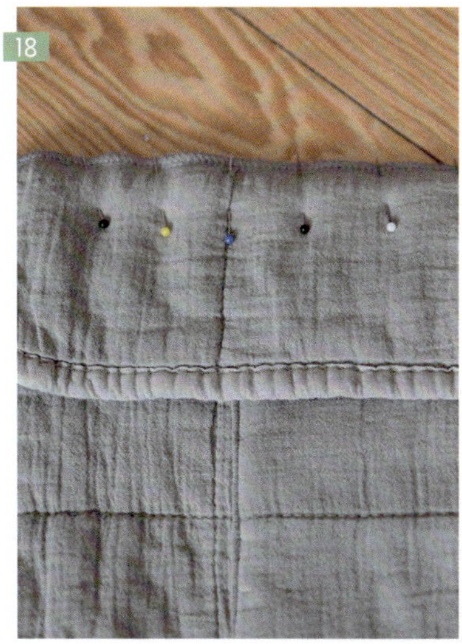

18

19

20

21

Anleitung Variante B:

Schnittmusterteile:

- Vorderteil 11, 2 x gegengleich zuschneiden, die schraffierte Fläche ist sichtbar
- Rückteil 12, 1 x im Bruch zuschneiden, schraffierte Fläche ist sichtbar
- Kragen 13, 2 x für diese Variante liegt das Schnittteil in voller Breite, die schraffierte Fläche ist nach innen geklappt und du legst den Stoff dort im Bruch.
- Taschen 14, 2 x zuschneiden, die schraffierte Fläche ist sichtbar, ggf. Muster des Vorderteils beachten.

1. Pause das Schnittmuster in Deiner Größe vom Schnittbogen ab, vergiss dabei nicht, alle Markierungen und den Fadenlauf zu übertragen.

2. Lege das Schnittmuster auf den Stoff, berücksichtige den Fadenlauf und stecke die Teile fest.

3. Schneide alle Teile aus. Markiere die Brustabnäher auf beiden Oberteilen gegengleich.

4. Stecke die Brustabnäher ab und nähe sie mit einem Geradstich.

1

2

3

4

5. Bügele die Brustabnäher zum Ärmel hin. Falls sie sehr dick sind und auftragen, schneide sie bis auf 1 cm Nahtzugabe zurück und versäubere sie. Dies kannst Du in Variante A sehen.

6. Versäubere nun alle offenen Kanten.

7. Stecke die beiden Vorderteile jeweils an den Schulternähten rechts auf rechts aufeinander.

8. Schließe die Schulternaht.

9. Bügele die Nahtzugaben auseinander. Ich steppe die Naht gerne noch flach, indem ich die Nahtzugaben auseinander bügele und rechts und links von der Naht in Füßchenbreite zusätzliche Nähte setze. Dieser Arbeitsschritt macht besonders bei dickeren Stoffen Sinn. In der Anleitung von Version A kannst Du ein Foto davon finden.

10. Stecke die Seitennähte zusammen und nähe sie. Bügele die Naht auseinander.

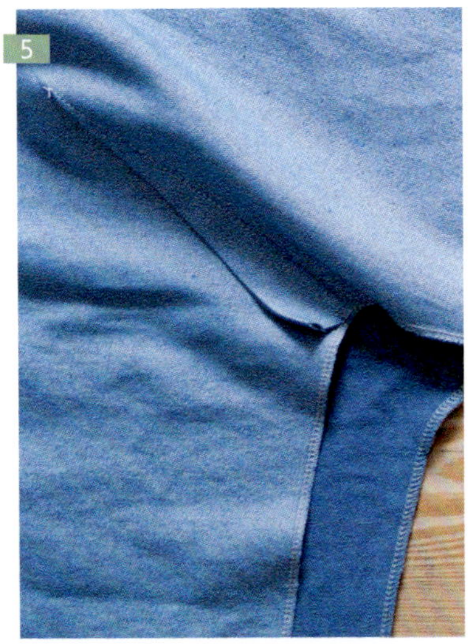

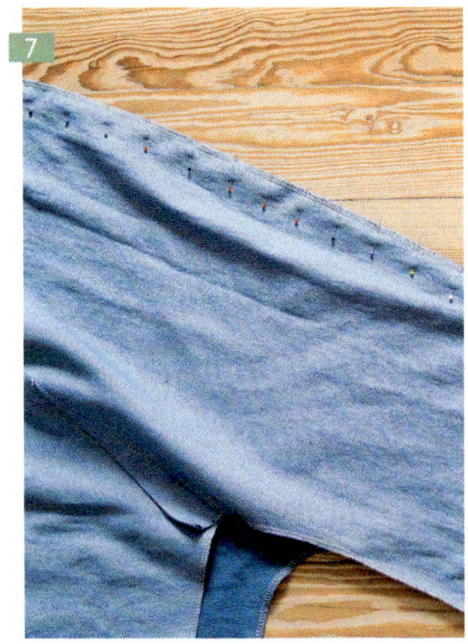

11. Bei dicken Stoffen: Schlage den Saum 6 cm nach innen, bügele ihn und stecke ihn fest. Bei dünneren Stoffen: Schlage den Saum 2 cm nach innen und bügele ihn, dann noch einmal 4 cm nach innen schlagen und bügeln. Stecke den Saum fest und steppe ihn ab.

12. Nun bereitest Du die Taschen vor, indem Du die obere Kante 2 cm nach innen schlägst und dann noch einmal 2,5 cm. Stecke den Saum fest und steppe die Kante ab.

13. Bügele an den restlichen Kanten die Nahtzugabe 1 cm nach innen.

14. Platziere die Taschen in der Position auf dem Vorderteil, die Dir am besten gefällt, achte darauf, die Taschen auf beiden Seiten symmetrisch zu platzieren. Stecke die Taschen mit Stecknadeln fest und steppe die Taschen knappkantig fest.

15. Markiere die hintere Mitte des Halsausschnitts am Rückteil mit einer Stecknadel. Markiere die hintere Mitte des Kragenteils ebenfalls mit einer Stecknadel. Lege den Kragen dann rechts auf rechts an den langen Seiten übereinander und stecke die unteren Seiten zusammen und setz eine Naht bis 1 cm vor der offenen Kante.

16. Es ist hilfreich, wenn Du die Nahtzugabe an den Ecken etwas zurückschneidest.

17. Verstürze den Kragen und bügele die vordere Kante. Bügele auf der inneren Seite des Kragens 1 cm Nahtzugabe nach innen.

18. Stecke die äußere Hälfte des Kragens rund um den Ausschnitt fest.

19. Schließe die Naht und bügele anschließend beide Nahtzugaben zum Kragen hin.

20. Stecke nun den inneren Kragen so fest, dass er die Naht knapp mit einschließt. Steppe ihn vorsichtig im Nahtschatten der vorderen Naht so fest, dass Du die hintere Stofflage mitfasst.

21. Bügele die Ärmelsäume nach innen um. Im Schnittmuster sind 6 cm Saumzugabe enthalten, Du kannst die Ärmel aber auch länger lassen, indem Du den Stoff weniger breit nach innen schlägst. Stecke den Saum fest.

22. Nähe die Ärmelsäume fest und schlüpfe umgehend in Deine neue Jacke.

Top Dolce Vita

Dieses Trägertop habe ich entwickelt, als ich nach einer Upcycling-Idee für die alten Hemden meines Vaters gesucht habe, die ihm mittlerweile viel zu groß sind. Hemden sind oft aus richtig toller Baumwollwebware genäht und ich als Karo- und Streifenfan bin mit den klassischen Stoffdesigns von Hemden auch sehr glücklich. Ihr könnt das Top aber auch super aus Kopfkissenbezügen oder kleineren Tischdecken nähen.
Das Top hat zwei Längen: normale Länge oder Cropped. Ihr könnt auch für Vorder- und Rückenteil zwischen jeweils zwei Ausschnittvarianten wählen: einer hochgeschlossenen geraden Variante und einem V-Ausschnitt.
Die Brustabnäher des Tops kommen leicht von unten her und zeigen zur Brustspitze, sie sind also nicht zu niedrig, wenn sie nicht seitlich zur Brust liegen.

Du benötigst:

- Pauspapier für das Schnittmuster
- Nicht zu fester Stoff Deiner Wahl, perfekt eignen sich alte Hemden oder Kopfkissenbezüge. Leinenbettlaken oder Vorhänge funktionieren aber natürlich auch

- Schere
- Stecknadeln
- Schneiderkreide oder Bleistift
- Nähmaschine
- Optional eine Overlock-maschine zum Versäubern
- Bügeleisen
- Maßband

Schnittmusterteile für das Top (Bogen D):

- Vorderteil 1, 1 x zuschneiden
- Rückteil 2, 1 x zuschneiden
- Beleg für Vorderteil (4 oder 6), 1 x zuschneiden
- Beleg für das Rückteil (5 oder 7), 1 x zuschneiden
- Träger 3, 1 x zuschneiden

Anleitung:

1. Entscheide für Dich, welche Ausschnittform Du für Vorder- und Rückenteil auswählen möchtest. Ich nähe hier im Beispiel vorne einen V-Ausschnitt und hinten die hochgeschlossene gerade Variante. In der Anleitung für das Kleid zeige ich eine komplett hochgeschlossene Version. Du kannst es gerne auch dort anschauen. Wenn Du die Cropped-Länge nähen möchtest: Schneide das Schnittmuster für die Oberteile an den Schnittlinien für die Cropped-Variante ab. Wenn Du ein Hemd verarbeitest, wie hier im Beispiel: Schneide zunächst Vorder- und Rückteil auseinander, bügele den Stoff ggf. vor dem Auflegen des Schnittmusters, damit er faltenfrei ist. Ich mag es, wenn die Knopfleiste in der Mitte des Rückteils liegt, aber Deiner Fantasie sind keine Grenzen gesetzt.

2. Lege alle Schnittmusterteile auf den Stoff, stecke sie fest und schneide sie aus.

1

2

3. Übertrage die Abnäher auf den Stoff.

4. Wenn Du (wie ich im Beispiel) ein Hemd als Material benutzt: Trenne die Brusttasche oder die Teile davon ab, die auf dem Rückteil sind.

5. Wenn Du (wie ich im Beispiel) ein Hemd als Material benutzt: Steppe die Knopfleiste zu.

6. Stecke die Brustabnäher zusammen.

7. Nähe die Brustabnäher von außen nach innen, verknote an der Bruststpitze die Enden der Fäden.

8. Bügle die Brustabnäher glatt.

9. Versäubere alle Schnittteile mit der Overlock oder der Nähmaschine.

10. Stecke die Seitennähte der Oberteile mit den rechten Stoffseiten zusammen.

11. Nähe beide Seiten der Oberteile zusammen.

12. Bügele die Naht auseinander.
Verfahre mit den Belegen der Oberteile auf dieselbe Art.

13. Bereite die Träger vor, indem Du die Nahtzugabe an den Längsseiten jeweils 1 cm nach innen bügelst.

14. Dann legst Du die langen Außenkanten aufeinander und bügelst den Träger flach.

15. Stecke die beiden Kanten noch mit Stecknadeln aufeinander, damit beim Nähen nichts verrutscht.

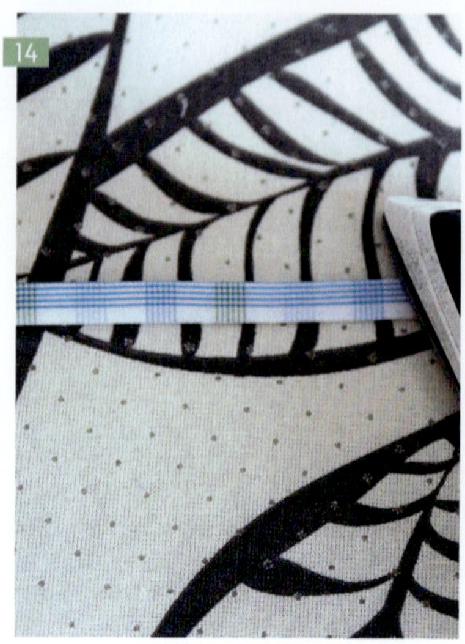

16. Steppe die offene Seite des Trägers knappkantig zusammen.

17. Schneide den Träger genau in der Mitte in zwei Teile.

18. Stecke die Träger mit der Naht in Richtung Hals (mit 1 cm Abstand zur Schulter) auf der rechten Stoffseite des Vorderteils fest, so dass der Träger ganz außen sitzt, wenn Du Oberteil und Besatz später verstürzt.

19. Steppe sie in füßchenbreitem Abstand zur Außenkante fest.

20. Stecke nun die vordere Hälfte des Belegs von Seitennaht zu Seitennaht fest.

21. Nähe den vorderen Beleg mit 1 cm Nahtzugabe fest. Die Spitze des V-Ausschnitts wird besonders schön, wenn Du genau in der Mitte der Spitze eine Stecknadel platzierst und beim Nähen genau hier die Richtung wechselst, wenn die Nadel im Stoff steckt.

22. Lege das Oberteil mit den rechten Stoffseiten aufeinander (die Belege liegen dazwischen).

23. Rolle nun das Oberteil von unten zusammen, bis Du die Träger unten um das Nähstück herumführen kannst.

24. Dann hebe den hinteren Beleg hoch und führe die Träger darunter hindurch und stecke sie fest. Nun kannst Du den Stoff wieder entrollen.

25. Verarbeite den hinteren Beleg analog zum vorderen.

26. Schneide die Nahtzugabe an den oberen Ecken zurück.

27. Schneide die Nahtzugabe an den seitlichen Rundungen ein.

28. Verstürze den Beleg, bügele ihn und stecke ihn fest, wenn Du ihn noch absteppen möchtest.

29. Optional kannst Du den Beleg absteppen, anderenfalls solltest Du den Beleg an den Seitennähten fixieren.

30. Bügele die Saumzugabe 1 cm nach innen und dann noch einmal 1 cm. Stecke den Saum fest.

31. Steppe den Saum rundherum füßchenbreit ab.

26b

27

28

29

30

31

Shopper Raumwunder

Aus so ziemlich jedem festeren Stoff kannst Du diesen unkomplizierten Shopper nähen. Als Gurte kannst Du die Gurte einer alten Tasche verwenden, aber auch Gürtel eignen sich richtig gut. Wenn Du einen stylishen Verschluss für die Tasche haben möchtest, ist ein Gürtel auch eine super Lösung, wie Du an meinem Beispiel aus gelbem Teppich sehen kannst.

Du benötigst:

- Fester Stoff (ca. 90 x 45 cm), ich habe für mein Beispiel textiles Wachstuch verwendet. Aber Jeans, Cord, Leder und Kunstleder funktionieren auch sehr gut.
- Material für Taschengurte, wie z. B. Gurtband, alte Gürtel oder Lederriemen
- Pauspapier für das Schnittmuster
- Bleistift zum Abpausen
- Stecknadeln oder Klammern
- Bleistift oder Schneiderkreide
- Schere
- Nähmaschine
- optional Overlock zum Versäubern
- Farblich passendes Nähgarn
- Maßband

Schnittteile (Bogen C):

- Schnittmuster-Teil 30, 2 x zugeschnitten

Material

Anleitung:

1. Ich habe die Tasche für die Stepfotos aus einem Stück Textilwachstuch genäht, das ich von einer Tischdecke übrig hatte. Bei diesem Material entfällt das Versäubern und das Bügeln. Die Nahtzugaben können aber mit einem Lineal auseinander gestrichen werden, auch Abnäher kannst Du so auf eine Seite streichen.

2. Lege den Stoff im Bruch zusammen und lege das Schnittmuster auf. Schneide es insgesamt zweimal aus und markiere die Abnäher und die Stelle, an der die Griffe sitzen sollen.

3. Stecke die Abnäher zusammen und steppe sie ab.

4. Bügele sie (wenn möglich) nach außen.

1

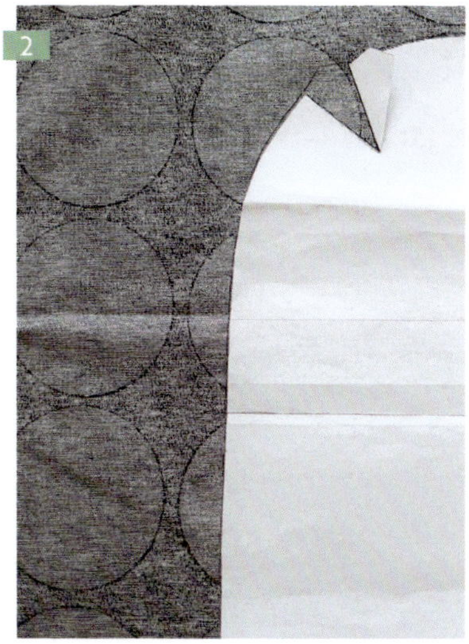
2

3

4

5. Falls notwendig, versäubere die beiden Taschenteile rundherum. Stecke die beiden Taschenteile zusammen und nähe sie zusammen (1 cm Nahtzugabe). Achte dabei darauf, dass die Abnäher aufeinander liegen.

6. Bügele die Nahtzugaben der Seitennähte auseinander, wenn das Material dies zulässt und wende die Tasche.

7. Schlage den oberen Saum 1 cm nach innen und bügele ihn um. Schlage ihn dann noch einmal 3 cm nach innen und bügele die Kante. Stecke den Saum fest.

8. Nähe den Saum rundherum.

9. Schneide zwei Griffe in gewünschter Länge zu. Ich empfehle Dir mindestens 60 cm Länge, wenn Du die Tasche auch über die Schulter tragen möchtest. Sonst geht auch kürzer. Falls Du Gurtband

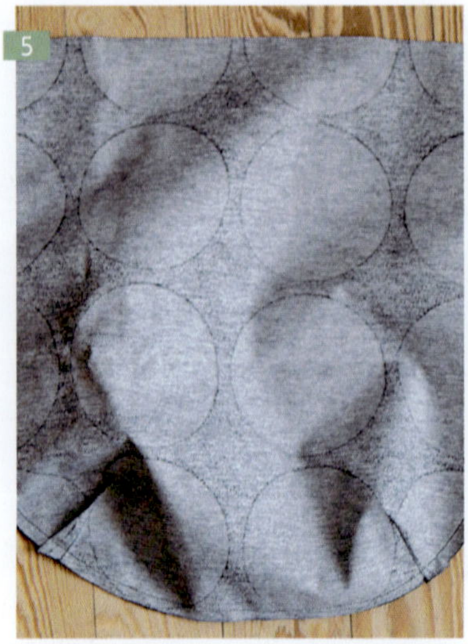

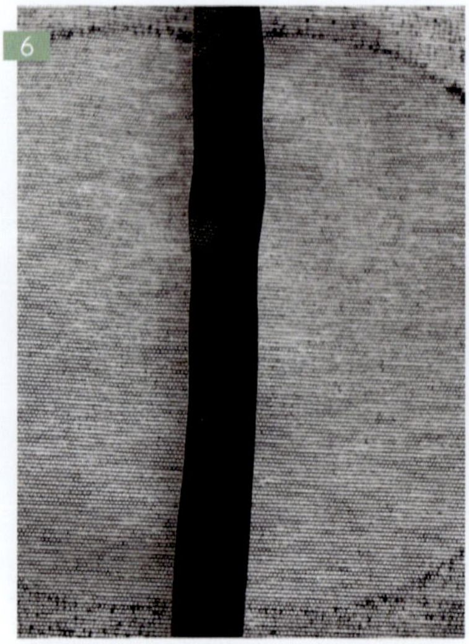

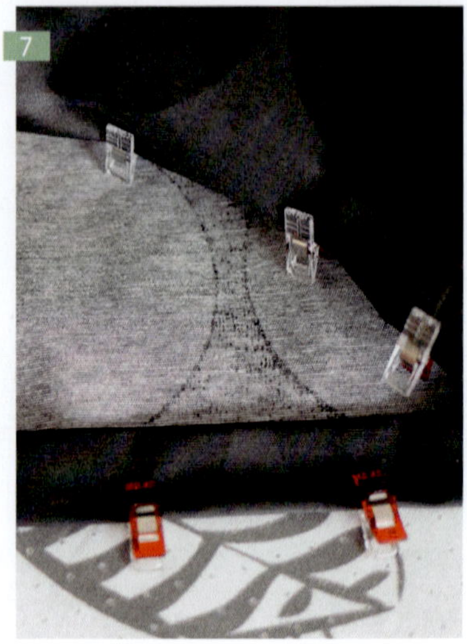

aus Kunststoff verwendest: Versäubere die Enden, indem Du sie behutsam an eine Kerze hältst, bis der Kunststoff leicht angeschmolzen ist. Aber bitte geh dabei sehr vorsichtig vor.

10. Stecke die Griffe an den markierten Stellen fest. Falls Du Wachstuch oder »Oilskin« verwendest, kannst Du »Wonder Tape« oder ähnliches verwenden, um die Bänder vor dem Annähen zu fixieren. Nähe die Griffe knappkantig rund um die Stelle, an der sie aufliegen, fest.

11. Wenn Du Lust hast, verziere die Tasche noch. Ich habe in meinem Beispiel ein großes Label verwendet, um sie noch individueller zu gestalten.

9

10
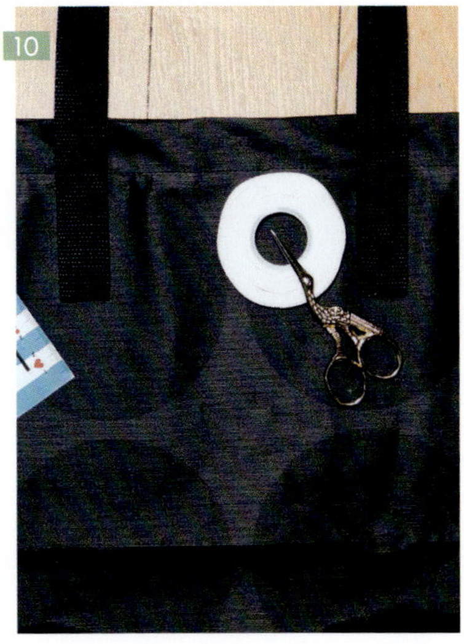

11

Kleid Siena

Dieses Kleid im Boho-Stil ist sehr variabel. Du kannst es mit einer oder zwei Stufen nähen und auch die Länge der Stufe(n) und damit die Gesamtlänge des Kleides ganz nach Deinem Geschmack variieren. Das Oberteil ist wie das Top genäht, und enthält zwei Ausschnittvarianten für vorne und hinten.
Mit einem Rollkragenpulli oder einem Shirt darunter ist es auch an kühleren Tagen tragbar. Es ist auf Webware-Stoffe ausgelegt. Besonders gut eignen sich Bettwäsche oder Leinenstoffe. Ich verwende in meinem Beispiel für die Stepfotos zwei gefärbte uralte Leinentücher von meinen Urgroßeltern. Das Beispiel auf den großen Fotos ist aus Bettwäsche.
Die Brustabnäher des Kleides kommen leicht von unten her und zeigen zur Brustspitze, sie sind also nicht zu niedrig, wenn sie nicht seitlich zur Brust liegen.

Du benötigst:

- Pauspapier für das Schnittmuster
- Schere
- Stecknadeln
- Schneiderkreide oder Bleistift
- Nähmaschine
- Optional eine Overlockmaschine zum Versäubern
- Bügeleisen
- Maßband

Schnittmusterteile für das Top (Bogen D):

- Vorderteil 1, 1 x zuschneiden
- Rückteil 2, 1 x zuschneiden
- Beleg für Vorderteil (4 oder 6), 1 x zuschneiden
- Beleg für das Rückteil (5 oder 7), 1 x zuschneiden
- Träger 3, 1 x zuschneiden
- obere Rockbahn, nach Maßtabelle auf Schnittmusterteil 1, 2 x zuschneiden
- optional: untere Rockbahn, nach Maßtabelle auf Schnittmusterteil 1, 2 x zuschneiden

Anleitung:

1. Lege dir Pauspapier, Stift, Schere und Schnittmuster bereit.

2. Entscheide für Dich, welche Ausschnittform Du für Vorder- und Rückenteil auswählen möchtest. Ich nähe hier im Beispiel die hochgeschlossene gerade Version vorne und hinten. In der Anleitung für das Top zeige ich die V-Ausschnitt-Version. Du kannst es gerne auch dort anschauen. Pause alle Schnittmusterteile ab. Achte bei den Oberteilen darauf, dass sie in der richtigen Länge abgepaust sind. Lege alle Schnittmusterteile auf den Stoff, stecke sie fest und schneide sie aus.

3. Schneide zusätzlich Stoffbahnen für die Rockteile in der von Dir gewünschten Version. Auf Schnittteil 1 findest Du eine Tabelle mit den von mir empfohlenen Maßen für die Rockteile. Du darfst gerne die Länge variieren, auch in der Breite kannst Du je nach Geschmack etwas zu- oder abnehmen. Zeichne die Maße mithilfe eines Maßbandes und Lineals auf den Stoff auf und schneide zu.

4. Übertrage die Abnäher auf den Stoff.

5. Stecke die Brustabnäher mit Stecknadeln zusammen.

6. Nähe die Brustabnäher von außen nach innen, verknote an der Bruststpitze die Enden der Fäden.

7. Bügel den Abnäher nach oben.

8. Versäubere alle Schnittteile mit der Overlock oder der Nähmaschine.

3

4

5

6

7

8

9. Stecke die Seitennähte der Oberteile mit den rechten Stoffseiten zusammen.

10. Nähe beide Seiten der Oberteile zusammen. Bügele die Naht auseinander.

11. Verfahre mit den Belegen der Oberteile auf dieselbe Art.

12. Bereite die Träger vor, indem Du die Nahtzugabe an den Längsseiten jeweils 1 cm nach innen bügelst.

13. Dann legst Du die umgebügelten Kanten aufeinander und bügelst den Träger flach.

14. Stecke die beiden Kanten noch mit Stecknadeln aufeinander, damit beim Nähen nichts verrutscht.

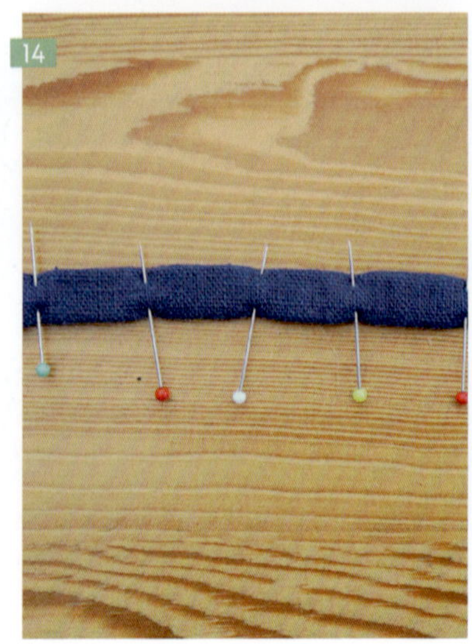

15. Steppe die offene Seite des Trägers knappkantig zusammen.

16. Schneide den Träger genau in der Mitte in zwei Teile.

17. Stecke die Träger, mit der Naht in Richtung Hals, in der Mitte der oberen Kante auf der rechten Stoffseite des Vorderteils fest, so dass der Träger jeweils 1 cm Abstand zur Schulter und zum V-Ausschnitt hat.

18. Steppe sie in füßchenbreitem Abstand zur Außenkante fest.

19. Stecke nun die vordere Hälfte des Belegs von Seitennaht zu Seitennaht fest.

20. Nähe den vorderen Beleg mit 1 cm Nahtzugabe fest.

15

16

17

18

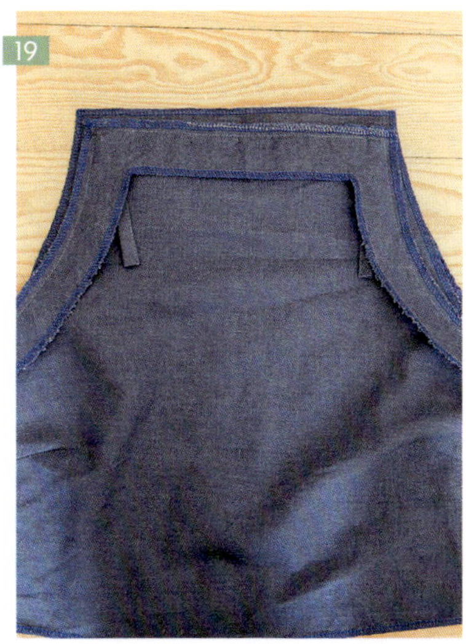
19

20

21. Lege das Oberteil mit den rechten Stoffseiten aufeinander (die Belege sind innen). Rolle nun das Oberteil von unten zusammen, bis Du die Träger unten um das Nähstück herumführen kannst.

22. Dann hebe den hinteren Beleg hoch und führe die Träger darunter hindurch und stecke sie fest. Nun kannst Du den Stoff wieder entrollen.

23. Verarbeite den hinteren Beleg analog zum vorderen. Schneide die Nahtzugabe an den oberen Ecken wie auf dem Foto zurück.

24. Schneide die Nahtzugabe an den seitlichen Rundungen ein.

25. Verstürze den Beleg, bügele ihn und stecke ihn fest, wenn Du ihn noch absteppen möchtest. Falls nicht, solltest Du den Beleg an den Seitennähten fixieren.

26. Das Oberteil ist nun fertig und Du kannst Dich dem Rockteil zuwenden.

27. Lege die beiden Teile der oberen Rockbahn rechts auf rechts aufeinander und stecke die Seitennähte zusammen.

28. Nähe die Seitennähte.

29. Bügele die Nahtzugaben auseinander.

30. Verarbeite die untere Rockbahn auf dieselbe Art.

31. Markiere jeweils die vordere und hintere Mitte des Oberteils am Saum mit einer Stecknadel, ebenso markierst Du bei der oberen und unteren Rockbahn die vordere und hintere Mitte.

32. Nähe an der Oberseite des Rockteils mit Stichlänge 4 zwei parallele Nähte mit dem Abstand von 0,7 und 1,3 cm vom Rand, lasse die Fadenenden lang überstehen.

33. Stecke jeweils die Seitennähte und die vorderen und hinteren Mitten von Oberteil und oberer Rockbahn rechts auf rechts zusammen.

34. Raffe das obere Rockteil, indem Du an beiden überstehenden Fadenenden ziehst. Verteile die Raffung gleichmäßig und stecke das Rockteil an das Oberteil.

35. Nähe die obere Rockbahn am Oberteil mit 1 cm Nahtzugabe fest. Entferne die Fäden für die Raffung. Arbeite die untere Rockbahn in derselben Art.

36. Säume unten 2 cm, indem Du den Saum umbügelst und ihn feststeckst. Dann nähe die Saumnaht.

Taschengurt Thelma

Erinnerst Du Dich noch an die Freundschaftsbändchen aus Deiner Jugend, die Du voller Stolz an Deinem Handgelenk getragen oder an gute Freundinnen und Freunde verschenkt hast? Hast Du es auch so geliebt, sie zu knüpfen? Falls ja, dann kannst Du Dich bei diesen Taschengurten in Form eines XXL-Freundschaftsbandes nach Herzenslust austoben und sie natürlich auch wieder an Herzensfreundinnen oder -freunde verschenken. Geknüpft werden sie aus Jerseystreifen, welche Du prima aus alten T-Shirts oder Spannbetttüchern aus Jersey herstellen kannst.

ANLEITUNG JERSEYSTREIFEN AUS EINEM SHIRT ZUSCHNEIDEN:

Du benötigst:

- Wichtig für den Zuschnitt ist eine wirklich scharfe Stoffschere, damit Du gut durch die Stofflagen kommst und die Schnittkanten schön glatt werden.
- Alte T-Shirts oder Spannbettlaken aus Jersey. Ein paar kleine Löcher sind überhaupt kein Problem. Diese verschwinden beim Zusammenrollen der selbst gemachten Jerseynudeln.

Anleitung:

1. Lege das Shirt flach vor Dich und schneide den unteren Saum sowie den oberen Teil samt Ärmeln direkt unterhalb der Achseln ab.

2. Zeichne Linien in 2 oder 3 cm Abstand ein, lasse an einer Außennaht ca. 3 cm durchgehenden Rand stehen.

3. Schneide den zusammenhängenden Stoffrand, wie auf dem folgenden Bild zu sehen, jeweils schräg von einem Einschnitt auf der einen Seite bis zum danebenliegenden Einschnitt gegenüber auf, sodass keine Ringe, sondern eine einzige lange Spirale entsteht.

4. Schneide vom ersten und letzten Einschnitt jeweils zur Kante hin, damit ein Anfang und ein Ende entstehen.

5. Wickle den Stoffstreifen zu einem Knäuel auf und ziehe ihn dabei immer wieder etwas in die Länge. Dadurch rollen sich die Seiten ein, sodass das T-Shirt-Garn einen rundlicheren Durchmesser bekommt und einfacher zu verarbeiten ist.

ANLEITUNG TASCHENGURT:

Jeder Knoten besteht aus zwei Schlingen, je nach Farbwahl und Anordnung der Knoten entstehen tolle Muster. Mein Tipp: Falls Du nicht schon Erfahrung mit dem Knüpfen hast, fange mit einer einfachen Version an. Wenn das locker von der Hand geht, kannst du dich an schwierigere Muster wagen.

Du benötigst:

- Zwei Taschenringe (unbedingt zum öffnen) oder Taschenkarabiner
- Jerseynudeln in ungefähr gleicher Stärke, je nach Geschmack in unterschiedlichen Farben
- Eine kurze Jerseynudel, um den Ring an einem Stuhl- oder Tischbein zu befestigen
- Eine Sticknadel mit großem Nadelöhr zum Verstecken der Jerseynudelenden
- Eine Nähnadel und passendes Garn zum Verlängern der Jerseyfäden

Anleitung:

1. Schneide 4 (bzw. die gewünschte Anzahl) von Jerseynudeln in einer Länge von ca. 1,50 m ab.

2. Lege jede einzelne Jerseynudel mit den Enden aufeinander, sodass in der Mitte eine Schlaufe entsteht.

3. Lege die entstandene Schlaufe um den Taschenring oder Karabiner.

4. Ziehe das Ende der Jerseynudel durch die Schlaufe.

5. Wiederhole den Vorgang, bis die gewünschte Anzahl Jerseynudeln auf dem Taschenring ist. Arrangiere nun die Fäden in der von Dir gewünschten Reihenfolge.

6. Bei jedem Knoten gibt es einen Knüpf- und einen Leitfaden. Damit das Band schön gleichmäßig wird, ist es wichtig, dass der Leitfaden immer straff gespannt ist. Starte mit dem Faden ganz links: Legen ihn über den zweiten Faden und ziehe das Ende durch die Schlaufe. Dann die Schlaufe anziehen.

1

2

3

4

5

6

7. Mach dann mit derselben Technik noch eine zweite Schlaufe. Jetzt hast du quasi einen Doppelknoten in der Farbe des Fadens, der am Anfang ganz links lag (hier grau).

8. Ziehe den so entstandenen Knoten fest. Da der Jersey etwas nachgibt, musst Du mit der Zeit ein Gefühl entwickeln, wie fest angezogen die Knoten am schönsten aussehen. Wichtig ist vor allem, dass sie gleichmäßig fest geknotet werden.

9. Jetzt ist der ursprünglich dritte Faden (blau) der Leitfaden, der erste bleibt der Knüpffaden und knüpft auf dieselbe Art und Weise wieder einen Doppelknoten. Knüpfe die Reihe Faden für Faden so weiter. Den letzten Knoten bildet der erste Faden (grau) als Knüpffaden und der letzte Faden (blau) als Leitfaden.

10. Knote mit dieser Technik weiter bis der Taschengurt die gewünschte Länge erreicht hat. Wahrscheinlich wirst Du die einzelnen Jerseynudeln verlängern müssen, indem Du an den Enden mit Nadel und

7

8

9

10a

10b

11a

Faden neue Stücke annähst. Diese sollten nicht länger als 80 cm sein. Wenn der Gurt lang genug ist, leg den Taschenring an das Ende des Gurts und fädele immer zwei Jerseynudeln so um den Ring, dass es aussieht wie der Anfang des Gurtes.

11. Dafür schlingst Du die Jerseynudeln um den Ring und hinten wieder zusammen und verknotest sie.

12. Danach fädelst Du immer eine Jerseynudel auf eine Sticknadel mit größerem Nadelöhr.

13. Mithilfe der Nadel stichst Du den Jerseyfaden durch mehrere am nächsten liegenden Knoten und sicherst das Ende so.

14. Schneide dann das Ende ab.

11b

11c

12

13

14

Rock Marnie

Am liebsten mag ich diesen unkomplizierten Rock aus Jeans. Aber auch aus anderen Materialien wie festem Vorhangstoff oder Cord ist er ein echter Hingucker. Wichtig ist nur, dass der Stoff etwas Stand hat und nicht zu dünn ist.

Du benötigst:

- Pauspapier für das Schnittmuster
- 2 bis 3 Jeans, das Bein sollte relativ weit sein, sodass das Schnittteil einmal darauf passt, die hinteren Hosenbeine sind meist weiter oder alternativ ca. 80 cm x 1,40 festen Stoff
- Bleistift zum Abpausen
- farblich passendes Garn
- falls Du möchtest: Jeansnähgarn oder extra starkes Garn zum Absteppen
- Nähmaschine
- Jeansnadel
- Optional Overlockmaschine zum Versäubern
- Schere
- Maßband
- Stecknadeln
- Schneiderkreide oder Bleistift
- Reißverschluss für Hosen oder Röcke 20 cm lang
- 1 Knopf
- Knopflochfuß

Schnittteile (Bogen C):

- Schnittteil 30, 6 x zuschneiden
- Schnittteil 31, 1 x zuschneiden

Anleitung:

1. Falls Du Jeans verwendest: Schneide die Jeans an der Außen- bzw. Innennaht auf. Ich nehme immer die Naht, die am einfachsten genäht ist.

2. Lege die Schnittteile auf, stecke sie fest und schneide sie zu. Beachte dabei bitte den Fadenlauf, damit der Rock schön fällt.

3. Versäubere alle Schnittteile am Rand. Falls der Saum eine offene Kante als Abschluss haben soll, versäubere die unteren Kanten nicht. Wenn Du unterschiedliche Jeansfarben hast, lege die Schnittteile vor dem Zusammennähen nebeneinander und probiere aus, welche 3 Dir am besten als Vorderteil und welche als Rückteil gefallen. Nähe zunächst den seitlichen Reißverschluss ein. Stecke dafür zwei Seitenteile bis auf die oberen 21 cm rechts auf rechts zusammen. Die Nahtzugabe beträgt 1 cm.

Material

1

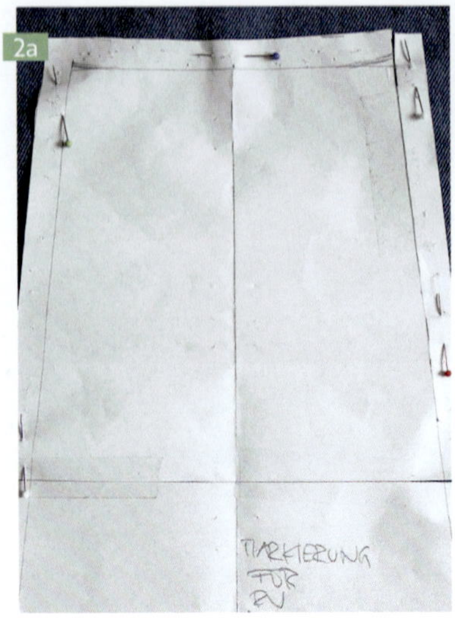

2a

4. Bügele die Nahtzugabe auseinander. Die Nahtzugabe oberhalb der Naht wird ebenfalls 1 cm umgebügelt.

5. Lege den Reißverschluss mittig hinter die beiden umgebügelten Seiten des Schlitzes, achte darauf, dass die obersten Zähne 1,2 cm Abstand zur Oberkante haben, und stecke ihn fest.

6. Nähe den Reißverschluss fest, ein Reißverschlussfuß ist dafür hilfreich. Ich benutze für diese Naht gerne das dickere Jeansgarn oder extra starke Garn.

7. Nähe die restlichen Rockteile zusammen.

2b

3

4

5

6

7

8. Bügele die Nahtzugaben der anderen Seitennaht auseinander.

9. Falls Du die jeweils mittigen Nähte mit Ziernähten versehen möchtest: Bügele die Nahtzugaben bei diesen Nähten jeweils beide nach innen und steppe sie einmal knappkantig und einmal in füßchenbreitem Abstand zur Naht mit dem dickeren Garn und Stichlänge 3,5 ab.

10. Nun bereitest Du den Bund vor, in dem Du ihn der Länge nach rechts auf rechts zusammenklappst und die beiden kurzen Seiten aufeinander steckst. Auf einer Seite steckst Du noch 3 cm der offenen langen Kante zusammen.

11. Nun nähst Du beide Seiten an den zusammengesteckten Stellen mit 1 cm Nahtzugabe zusammen.

12. Schneide die Nahtzugabe an den Ecken vorsichtig zurück. Schneide auf der Seite, welche die sichtbare Seite des Bundes ergibt, die Nahtzugabe am Ende der 3 zusammengenähten cm bis knapp vor

8

9

10

11

der Naht ein, damit sie sich besser nach außen klappen lässt. Verstürze den Bund. Bügele ihn. Bügele dabei auch auf der Seite, die nachher innen liegt, die Nahtzugabe 0,8 cm nach innen.

13. Stecke den Bund mit der Außenseite rechts auf rechts auf das Rockteil. Achte dabei darauf, dass der Übertritt am Vorderteil ist und zum Rückteil des Rockes zeigt. Nähe beide Teile zusammen.

14. Stecke die umgebügelte Nahtzugabe so auf der Rückseite fest, dass sie die Naht knapp verdeckt.

15. Steppe die Rückseite des Bundes im Nahtschatten fest, achte dabei darauf, dass auch die hintere Stofflage mit gefasst wird.

16. Nähe für den Verschluss entweder Knopf und Knopfloch oder einen Druckknopf fest.

12

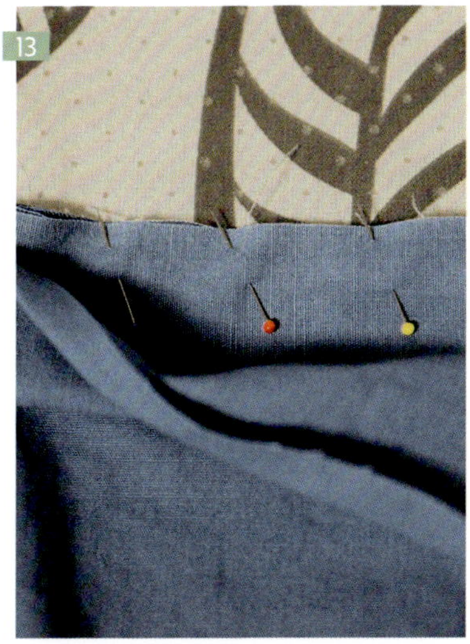
13

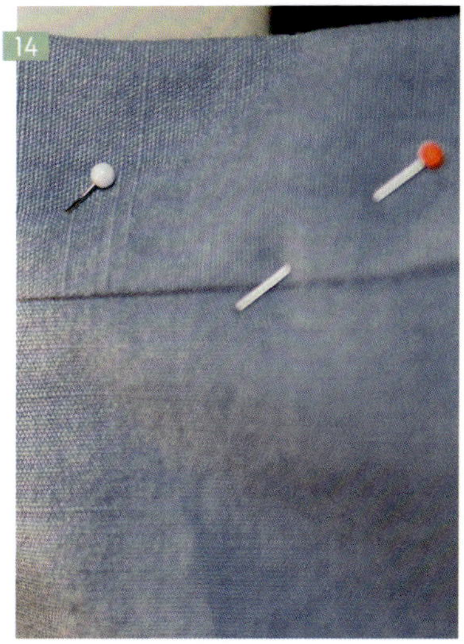
14

15

16

Tasche Louise

Diese unkomplizierte Cross-Body-Tasche ist mittlerweile mein täglicher Begleiter geworden. Du kannst sie aus so ziemlich jedem festen Stoff nähen. Ich mag meine Version aus einer alten englischen Wachsjacke sehr. Dies hier ist eine Basisversion ohne Schnickschnack, aber Du kannst Deiner Kreativität natürlich freien Lauf lassen und Dir ein Futter oder ein Innenleben für die Tasche nähen. Mein hier gezeigtes Beispiel ist aus einer Wachsjacke meiner geliebten Oma. Das gute Stück war leider nicht mehr zu retten, sodass ich es nach einigem Anlauf dann doch zerschnitten habe. Da die Reißverschlüsse so toll waren, habe ich sie gleich mit verwendet. Sie waren etwas zu kurz für die obere Taschenöffnung. In der Anleitung zeige ich euch, wie ihr dieses Problem lösen könnt.

Du benötigst:

- Fester Stoff, ich habe für mein Beispiel eine Jacke aus „Oilskin" verwendet. Aber Jeans, Cord, Leder und Kunstleder funktionieren auch sehr gut.
- Pauspapier für das Schnittmuster
- Bleistift zum Abpausen
- Ein Metallreißverschluss, ca. 35 cm Länge, der Reißverschluss sollte insgesamt 3 cm breit sein
- 2 D-Ringe in der Breite, die Dir gefällt, meine sind 1,5 cm breit
- Stecknadeln oder Klammern
- Bleistift oder Schneiderkreide
- Schere
- Nähmaschine
- Optional Overlock zum Versäubern
- Farblich passendes Nähgarn
- Maßband

Schnittmusterteile (Bogen C):

- Schnittmusterteil 30, an der Linie für die Taschenversion abgeschnitten, 2 x zuschneiden
- 2 kurze obere Seitenteile, die Ermittlung der genauen Maße wird im Text erklärt
- 1 Stoffstreifen in doppelter Breite der geraden Innenseite des D-Rings x 12 cm

Material

Anleitung:

1. Pause Schnittmuster-Teil 30 ab und übertrage alle Markierungen. Stelle sicher, dass Du an der Taschenlinie entlang gepaust hast. Stecke das Schnittmuster auf den Stoff und zeichne es ab.

2. Schneide das Schnittteil zweimal aus und übertrage Abnäher und Markierungen.

3. Stecke die Abnäher zusammen und nähe sie.

4. Bügele die Abnäher zur Mitte hin. Falls Dein Stoff ausfranst, versäubere ihn jetzt.

5. Vorbereitung der oberen seitlichen Streifen: Lege den Reißverschluss an den oberen Rand. Miss welche Länge zwischen dem Ende des Reißverschlusses und dem Ende des Taschenteils fehlt.

1

2

3a

3b

4

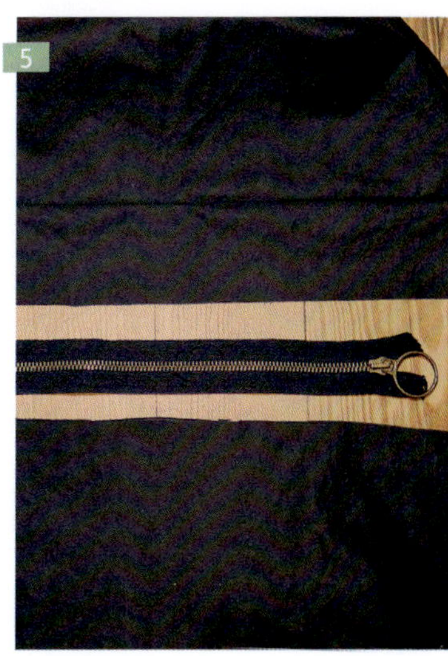
5

6. Schneide fehlende Länge mal Breite des Reißverschlusses zweimal aus. Halbiere die Stoffstreifen und nähe sie an den beiden Enden des Reißverschlusses an.

7. Schneide einen 12 cm langen Stoffstreifen aus, der doppelt so breit ist wie die gerade Innenlänge des D-Rings, und halbiere ihn in der Länge.

8. Klappe die beiden Seitenteile der Streifen so nach innen, dass die Breite halbiert wird.

9. Lege jeweils einen Streifen durch den D-Ring und steppe ihn knappkantig ab.

10. Lege die D-Ringe mit den Stoffstreifen wie auf dem Foto in 2 cm Abstand zu den Rändern auf ein Seitenteil und steppe die Naht in 1 cm Abstand zum Rand fest.

11. Nähe den Reißverschluss mit jeweils 2 cm Abstand zu den Rändern bis zur inneren Markierung ein.

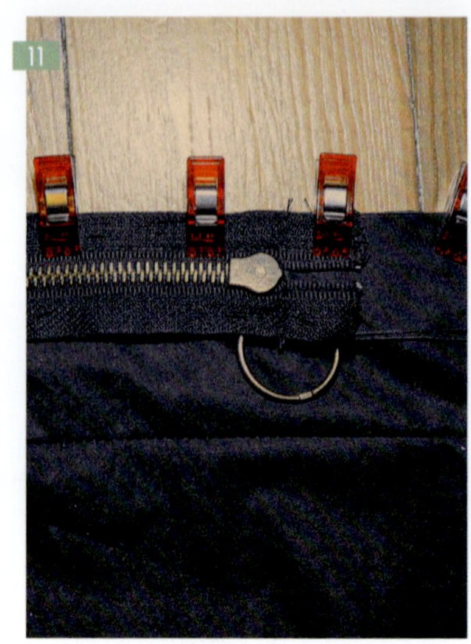

12. Nähe den Reißverschluss auch am anderen Seitenteil fest.

13. Schneide die Nahtzugabe jeweils an der inneren Markierung bis kurz vor die Naht ein. Wenn Du möchtest, steppe die Nähte noch ab, wie auf dem Foto.

14. Stecke die beiden Seitenteile aufeinander, achte dabei darauf, dass die Abnäher aufeinandertreffen und schließe die Naht mit 1 cm Nahtzugabe.

15. Bügele die Nahtzugabe an der Seitennaht auseinander und klappe die Seiten der Tasche so auseinander, dass sie auf die Kanten des Reißverschlusses treffen. Stecke die Kanten zusammen. Schließe die seitliche Naht. Jetzt wendest Du die Tasche und freust Dich über das fertige Stück. Mit dem passenden Taschengurt wird sie bestimmt zu Deiner absoluten Lieblingsteil.

12

13

14

15

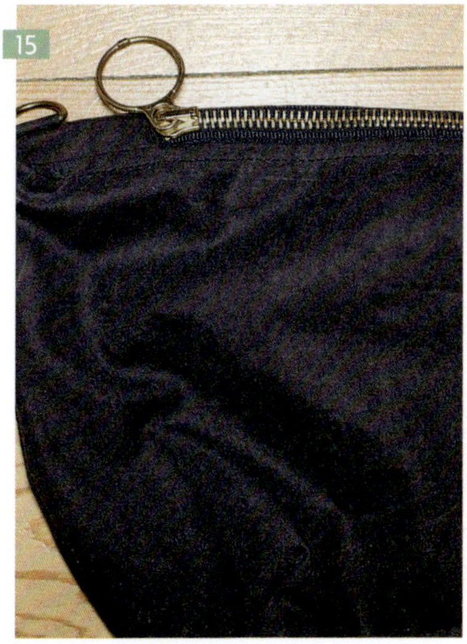

Kette Rapunzel

Diese süße Kette ist ein echtes Ruckzuck-Projekt, bei dem Du Deiner Kreativität freien Lauf lassen kannst. Über die Stoffwahl und Dicke des verwendeten Stoffstücks kannst Du ein ganz individuelles Schmuckstück gestalten und dies auch gerne noch mit Perlen verzieren.

Du benötigst:

- Einen Stoffstreifen, ca. 3 cm breit und 1,20 cm lang
- Einen Knopf

Anleitung:

1. Schneide einen Stoffstreifen mit den oben beschriebenen Maßen zu und lege an einem Ende mit ca. 5 cm Abstand eine Schlaufe.

2. Ziehe mit dem Finger die lange Fadenseite durch die Schlaufe und ziehe sie fest.

3. Häkele nun mit dem Zeigefinger Luftmaschen, indem Du immer wieder das lange Fadenende durch die Schlaufe ziehst, sodass eine neue Schlaufe entsteht.

4. Wenn die Kette die gewünschte Länge hat: Ziehe das lange Fadenende ganz durch die Schlaufe und ziehe es fest.

5. Nun arbeitest Du den Verschluss, indem Du auf einer Seite einen Knopf annähst.

6. Auf der anderen Seite schneidest Du das Fadenende ab, bis die Kette die gewünschte Länge hat und knotest das Ende zu einer Schlaufe, durch die der Knopf gerade so passt.

7. Falls Du einen sehr dicken Stoffstreifen verwendet hast, kannst Du ihn nach dem Knoten in drei Stränge schneiden und diese zu einem Zopf flechten und dann den Verschluss wie oben arbeiten.

4

5

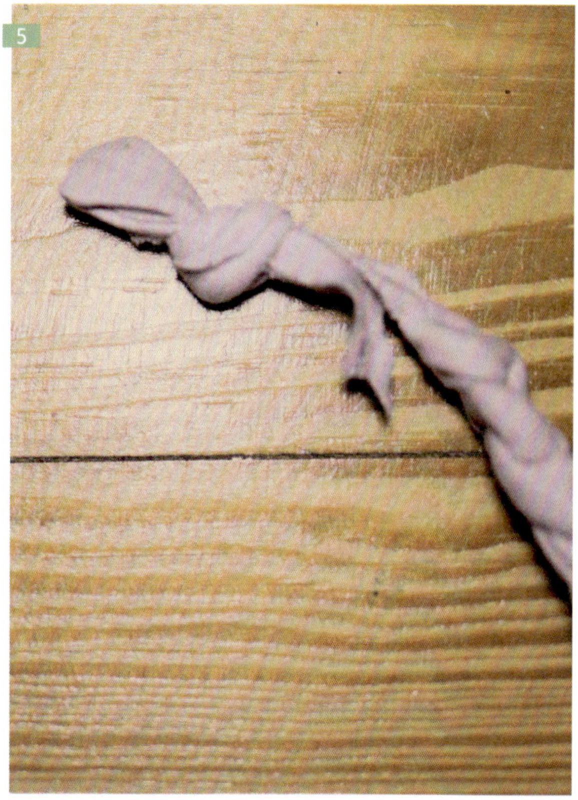

6

7

Impressum

Verantwortlich: Helgrid van Impelen, Mareike Weber
Fotografie: Elisabeth Berkau, Heike Hartwig, Jens Kulig
Lektorat und Korrektorat: Luitgard und Katharina Milz
Layout und Gestaltung: satz & repro Grieb, München
Umschlaggestaltung: Andreas Kersten
Repro: LUDWIG:media
Herstellung: Kathleen Baumann
Printed in Slovakia by Neografia

★★★★★

Sind Sie mit diesem Titel zufrieden? Dann würden wir uns über Ihre Weiterempfehlung freuen. Erzählen Sie es im Freundeskreis, berichten Sie Ihrem Buchhändler oder bewerten Sie beim Onlinekauf. Und wenn Sie Kritik, Korrekturen oder Aktualisierungen haben, freuen wir uns über Ihre Nachricht an Christophorus Verlag, Postfach 40 02 09, D-80702 München oder per E-Mail an lektorat@verlagshaus.de.

Unser komplettes Programm finden Sie unter

www.christophorus-verlag.de

In diesem Buch wird aus Gründen der besseren Lesbarkeit das generische Maskulinum verwendet. Weibliche und anderweitige Geschlechteridentitäten werden dabei ausdrücklich mitgemeint, soweit es für die Aussage erforderlich ist.

Shutterstock:
S. 7 Iryna Imago, 8/9, 101 HollyHarry, 10/11 Uplight Pictures, 14 optimarc, 38/39 NAR studio, 66/67 Sarbinaz

Die Deutsche Nationalbibliothek verzeichnet diese Publikation in der Deutschen Nationalbibliografie; detaillierte bibliografische Daten sind im Internet über http://dnb.de abrufbar.

ISBN 978-3-8410-6698-5

Kreativ-Service

Sie haben Fragen zu den Büchern und Materialien? Frau Erika Noll ist für Sie da und berät Sie rund um alle Kreativthemen. Rufen Sie an! Wir interessieren uns auch für Ihre eigenen Ideen und Anregungen. Sie erreichen Frau Noll per E-Mail: kreativ-service@c-verlag.de oder Tel.: +49 (89) - 1306 99-577.

Besuchen Sie uns im Internet: www.christophorus-verlag.de
& selbstgemacht.de